Julia Solis
New York Underground

To Karen + Mike --

x+
[signature]

Julia Solis

NEW YORK UNDERGROUND

Anatomie einer Stadt

Ch. Links Verlag, Berlin

Die Deutsche Bibliothek – CIP-Einheitsaufnahme

Solis, Julia :
New York Underground : Anatomie einer Stadt /
Julia Solis. – 1. Aufl. – Berlin : Links, 2002
ISBN 3-86153-274-3

1. Auflage, September 2002
© Christoph Links Verlag – LinksDruck GmbH
Schönhauser Allee 36, 10435 Berlin, Tel. (030) 44 02 32-0
www.linksverlag.de; mail@linksverlag.de
Umschlaggestaltung: KahaneDesign, Berlin
unter Verwendung eines Fotos von Peter Dougherty
der City Hall Station, die 1945 stillgelegt wurde
Satz und Gestaltung: Ch. Links Verlag, Berlin
Lithos: LVD GmbH, Berlin
Druck und Bindung: Bosch-Druck GmbH, Landshut

ISBN 3-86153-274-3

Inhalt

Die Faszination des anderen New York
Im Untergrund zu Hause 7
Die knifflige Geologie der Stadt 10

Die Lebensadern Manhattans
Der Croton Aqueduct 15
Im Kielwasser der »Croton Maid« 24
Erste Abwasserkanäle 43
Kabelgewirr unter den Straßen 48

Das U-Bahn-System
Der Überraschungscoup
    von Alfred Beach 55
Das Monopol des August Belmont 58
Konkurrenz im Untergrund 68
Tunnelruinen 72
Geisterstationen 83

Kolossale Bauwerke unter der Erde
Der erste Zugtunnel unter dem
    Hudson River 87
Das Verkehrsprojekt von William McAdoo 92
Grand Central Station 95

Geheimnisvolle Tunnel
Spurensuche unter der Atlantic Avenue 109
Das Hauptquartier der »Mole People« 116

Fluchtwege und Versorgungsschächte
Fußgängerpassagen 129
Die Keller des Seaview Hospital 132
Das Tunnelsystem der Columbia University 135

Labyrinthe und Gewölbe
Der Untergrund des World Trade Center 141
Ungewöhnliche Fundamente:
    Brücken und Keller 165
Brauereien und illegale Kneipen 178

Anziehungskraft Untergrund 183

Anhang
Literaturverzeichnis 186
Abkürzungsverzeichnis 191
Abbildungsnachweis 191
Danksagung 192
Zur Autorin 192

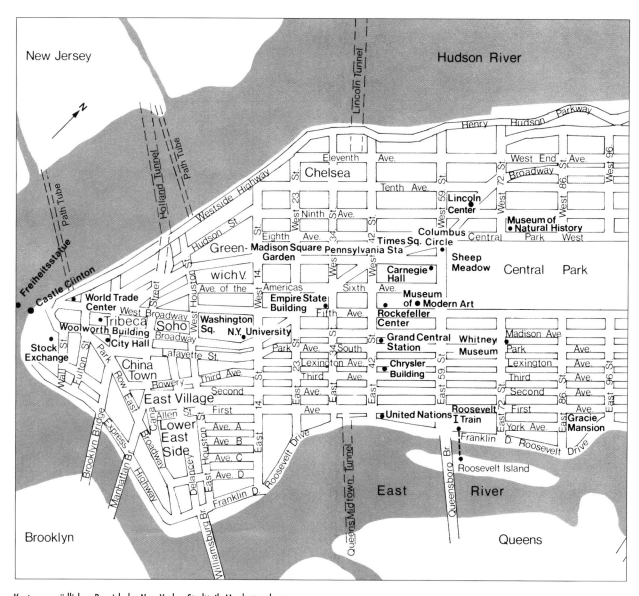

Karte vom südlichen Bereich des New Yorker Stadtteils Manhattan heute.

Die Faszination des anderen New York

Im Untergrund zu Hause

Am 11. September 2001 um 8.45 Uhr schlug das erste Flugzeug ins World Trade Center ein. Ich befand mich gerade auf dem Weg nach Midtown, Manhattan. Als ich dort aus der U-Bahn stieg, bot sich mir ein ungewöhnlicher Anblick: Die Station, in der sich zu dieser Tageszeit normalerweise Hunderte New Yorker drängen, war nahezu menschenleer. Den Grund erfuhr ich erst, nachdem ich mein Büro im Rockefeller Center erreicht hatte und mich zu den Kollegen gesellte, die auf einen Fernseher starrten. Den Einsturz des südlichen Turms sahen wir live auf CNN. Kurze Zeit später wurde unser Gebäude evakuiert.

Die Südspitze Manhattans lag unter einer grauen Staubwolke, die sich immer weiter ausbreitete. Auf der Sixth Avenue war ich umringt von Menschen, denen der Schock ins Gesicht geschrieben stand. Alles schien jetzt möglich. Verläßliche Informationen gab es nicht. Fakten waren von Vermutungen kaum zu unterscheiden. Angeblich näherten sich weitere Kamikazeflieger. Instinktiv wichen die Menschen den Wolkenkratzern Manhattans aus. Viele suchten im Central Park Sicherheit.

Daß Bürgermeister Rudolph Giuliani alle Brücken und U-Bahn-Strecken schließen ließ, war die erste gesicherte Information. Von meiner Wohnung in Brooklyn durch den East River abgeschnitten, schoß mir durch den Kopf: in den Untergrund. Ich wollte mich wie ein bedrohtes Tier verkriechen.

Ich dachte an einen stillgelegten Zugtunnel auf der Westside. Erst vor wenigen Wochen hatte ich dort einige Kisten und Stühle sowie vergilbte Seiten alter Zeitungen gefunden. Die könnte ich im fahlen Licht der Tunnelbeleuchtung lesen, falls mir langweilig würde.

Außerdem war ich auf ein kleines unterirdisches Häuschen aus Ziegelsteinen gestoßen, ausgestattet mit einer alten Matratze und ein paar verstreuten Kleidungsstücken. Alles in allem kein feiner Ort, aber im Moment bestimmt einer der sichersten Manhattans.

Während ich mir ausmalte, wo ich Zuflucht suchen könnte, begab ich mich wie Zehntausende andere auch in Richtung Manhattan Bridge. Vielleicht war es ja möglich, zu Fuß nach Brooklyn zu gelangen. In den Untergrund konnte ich mich immer noch zurückziehen. Als ich schließlich gegen Abend die andere Seite des East River erreichte, fühlte ich mich in Sicherheit. In meinen Tunnel brauchte ich an diesem Tag nicht hinabzusteigen.

Daß die New Yorker Unterwelt für mich ein vertrauter Abenteuerspielplatz ist, stößt seit diesem Tag nicht mehr auf viel Verständnis. Für den Großteil der Bevölkerung hat sich der Untergrund schlagartig in eine Zone der Bedrohung verwandelt. Im Reich der Ratten und Obdachlosen fühlt sich New York besonders verwundbar. Weißes Puder auf den U-Bahnhöfen führte immer wieder zu stundenlangen Verspätungen der Züge, bis das überforderte Notpersonal beseitigen konnte, was möglicherweise Anthrax-Sporen waren. Nicht vorstellbar die Auswirkungen einer Bombenexplosion in einem U-Bahn-Schacht, der unter dem Wasser verläuft. Das Tunnelsystem wäre schlagartig überflutet. Da gäbe es kein Entkommen mehr.

Die Eingänge zu den Unterwassertunneln der U-Bahn wurden von Polizisten bewacht. Peter Dougherty, der eine Karte herausgegeben hat, auf der das U-Bahn-System detailliert verzeichnet ist, verlor seinen größten Buchvertrieb »aus Sicherheitsgründen«.

Schleusenkammer des Croton Aqueduct, des ersten Wassertunnels zur Versorgung New Yorks, der 1842 in Betrieb genommen wurde.

Das für die Wasserversorgung und Kanalisation zuständige Amt sperrte die im Internet veröffentlichten Angaben über die Wasserleitungen. Auf den Hauptverkehrsbrücken (Verrazano, Triborough) und auf den U-Bahnhöfen wurde das Fotografieren verboten. »Alles ist zu«, sagte die leitende Archivisten der MTA Bridges and Tunnels. Auch der Zugang zur Baustelle des neuen Manhattaner Wassertunnels sei gesperrt, wurde mir gesagt. Jetzt ein Buch über den New Yorker Untergrund schreiben? Gerade jetzt, sage ich dazu. Als Liebeserklärung an New York.
Der Untergrund ist die Lebensader der Millionenstadt. Doch nicht nur das. Dort stößt man vor allem auf Spuren vergangener Jahrhunderte, die Zeit scheint stehengeblieben zu sein. Die Welt unter New York ist älter, gemächlicher, stiller als die Welt über den Straßen und – wie ich finde – viel mysteriöser.

Im Laufe der vergangenen Jahre faszinierte mich der New Yorker Untergrund immer mehr – nicht nur, weil er endlose Möglichkeiten zu Abenteuern bietet, sondern auch, weil er ästhetisch reizvoll ist. Ich stieß auf ungehobene Schätze und Kuriositäten. Woher kam zum Beispiel der kleine, bunte Spielzeugzug, den eine unbekannte Hand auf ein stillgelegtes Gleis setzte? Oder der noch in Folie eingeschweißte Karton mit rosarotem Puppengeschirr, der sich wie ein Geschenk auf der Stufe einer gesperrten Treppe präsentierte? Und was hatte es mit der Kammer auf sich, in der sich nichts befand, außer einem Haken an der Decke, einem dicken Seil und einer Leiter?

Unter den Straßen New Yorks schlummern Tausende solcher Fragen. Einen genauen Überblick über die Höhlen, Tunnel und Kammern hat niemand. Immer wieder mußte ich feststellen, daß die vorliegenden Dokumentationen wenig zuverlässig sind.

Das wurde auch nach dem Einsturz des World Trade Center deutlich. Man befürchtete anfangs nämlich, daß die Seitenstraßen von Lower Manhattan durch die schweren Kräne, die für die Bergungsarbeiten benötigt wurden, absacken könnten. Gab es da nicht einen stillgelegten, jahrzehntealten Tunnel unter der Rector Street, der bei einer solchen Belastung zusammenbrechen würde? Da selbst das Stadtarchiv nicht weiterhelfen konnte, mußten zunächst Bodenmessungen vorgenommen werden, um sicherzugehen, was genau sich unter dieser Straße verbarg.

Kein Wunder also, daß sich mit dem New Yorker Untergrund unzählige Mythen verbinden – über Inspektoren, die mit Gewehren in die Abwasserkanäle tauchen, um Jagd auf Alligatoren zu machen; über eine vergessene U-Bahn-Station mit Kronleuchtern und einem Springbrunnen, in der eine alte Frau nachts

Ein stillgelegter Tunnel der Fernbahn unter Midtown, Manhattan.

Klavier spielt; über bleiche Obdachlose, die nie mehr an die Oberfläche zurückkehren.

Die meisten dieser Mythen gehen auf wahre Geschichten zurück, von denen in diesem Buch berichtet werden soll. Es ist als Leitfaden für eine »Reise im Sessel« gedacht, nicht als Einladung zu eigenen Erkundungen. Viele der hier erwähnten Orte sind für die Öffentlichkeit ohnehin nicht zugänglich und das muß aus Sicherheitsgründen auch so bleiben. Deshalb kann ich die geheimen Einstiegspunkte nicht preisgeben.

Eins ist sicher: Würde man New York, die Stadt der Vertikale, wie einen Kuchen aufschneiden, böte sich ein für die meisten Menschen überraschendes Bild. An manchen Stellen erstreckt sich die Stadt ebenso weit nach unten wie nach oben. Die tiefsten Spitzen dieser Stadtwurzeln werden wohl für immer im dunkeln bleiben. Aber dicht unter den Straßen gibt es eine zweite gigantische Stadt, in der Menschen Geschichte machen.

Die knifflige Geologie der Stadt

»New York ist eine Stadt, die ihre Vergangenheit frißt«, charakterisiert der Autor Gerard Koeppel die Metropole. Als Finanzzentrum der Welt ist New York vor allem am schnellen Geld interessiert. Was dem rasanten Umsatz im Wege steht, wird einfach beiseite geschafft. Kaum jemand nahm daran Anstoß, daß das ehemalige Wohnhaus von Edgar Allan Poe einem größeren und häßlicheren Gebäude weichen mußte. Eine archäologische Fundstelle in Downtown hat Millioneneinbußen zur Folge. Jedes Erdloch soll daher schnellstens wieder zugeschüttet und jede Baulücke geschlossen werden.

In ihrem Buch »Unearthing Gotham« berichten die Archäologinnen Anne-Marie Cantwell und Diana Wall über den Widerwillen der New Yorker, die historischen Wurzeln Manhattans in die kollektive Identität der Stadt zu integrieren. New York ist für die meisten die futuristische Metropole schlechthin: Mit der Vergangenheit will man sich nur ungern auseinandersetzen. »Ich verstehe gar nicht, warum so viele Menschen dem World Trade Center nachtrauern«, sagt der gebürtige New Yorker Chris Hackett, der Manhattan über alles liebt. »Von der menschlichen Tragik abgesehen, finde ich die Zerstörung der Gebäude überaus spannend. In New York bleibt sowieso nichts so, wie es einmal war – nun können wir dort noch etwas viel Größeres bauen.«

Daß man sich dennoch der eigenen Stadtgeschichte widmet, ist ein relativ neues Phänomen. Nur wenige New Yorker demonstrierten 1963 gegen den Abriß der Pennsylvania Station. Erst nachdem an der Stelle des monumentalen Bahnhofs das gräßliche Gebäude des Madison Square Garden errichtet worden war, erwachten die New Yorker aus ihrer Geschichtslosigkeit und der Stadtrat verabschiedete schließlich Mitte der 60er Jahre ein Denkmalschutzgesetz. Inzwischen hat New York ein Bewußtsein für seine eigene Vergangenheit entwickelt, und die Stadt ist stolz auf jeden neuen Fund.

Auf historische Spuren stößt man vor allem im Untergrund. Das älteste Artefakt ist eine Münze aus dem Jahr 1590, also aus der Zeit der ersten europäischen Siedler im heutigen New York. 1983 wurde sie von einem Archäologen bei Bauarbeiten in der Broad Street gefunden. Dort stieß man bei Aushubarbeiten für einen neuen Büroturm auch auf die Fundamente einer Herberge aus dem 17. Jahrhundert, die nun unter Glas zur Schau gestellt wird.

Trotzdem konkurriert das erwachte historische Bewußtseins mit dem Selbstverständnis der Stadt als wirtschaftliches Zentrum: Einerseits betrachten immer mehr Einwohner den Untergrund als Schatztruhe für Relikte aus der Vergangenheit, andererseits muß jede Baugrube schnellstens wieder ausgefüllt werden. Ähnliches gilt für das geologische Fundament: Man pflegt eine wohldokumentierte Haßliebe zu dem Gestein, auf dem sich die Stadt der Vertikale in aller Pracht nach oben und nach unten erstreckt.

Die Eigenwilligkeit des New Yorker Bodens läßt sich an der Verteilung der Wolkenkratzer ablesen, die willkürlich scheint. Das hat weniger mit ökonomi-

Einstieg in den Fernbahntunnel der Zuggesellschaft Amtrak zwischen Queens und der Pennsylvania Station, von unten aus gesehen.

schen Einflüssen zu tun, sondern vielmehr mit der Beständigkeit des Erdgrunds. Denn die Geologie New Yorks ist immer für Überraschungen gut: Neben solidem Gestein, dem sogenannten Manhattan-Schiefer, stößt man immer wieder auf Schwemmsande.

Von den fünf großen Stadtteilen, aus denen sich New York City zusammensetzt, hat sich Manhattan geographisch in den letzten Jahrhunderten am meisten verändert. Downtown ist seit dem 16. Jahrhundert vor allem durch Erdablagerungen, aber auch durch Abfall jeder Art um ein Drittel gewachsen. Allein 920 000 Kubikmeter Erde wurden beim Bau des World Trade Center ausgehoben und in den Hudson geschüttet. Dort erhebt sich heute ein ganzer Stadtteil, Battery Park City. Für die Bauingenieure ist es ein Alptraum, sich durch einen solch »diffusen« Untergrund hindurchzugraben.

Hinzu kommen die Wasserläufe, die seit dem paläozoischen Zeitalter die Insel Manhattan durchziehen, sich heute jedoch hauptsächlich im Untergrund befinden. Die größeren dieser Flüsse verdanken ihre Namen den ersten europäischen Siedlern. Dazu zählt etwa der Turtle Creek, ein unterirdischer Fluß, der einen See im Central Park speist, dann unter die 59. Straße taucht und die Zuggleise der Park Avenue unterquert, bis er schließlich in eine Bucht mündet, die früher Turtle Bay genannt wurde. In Harlem gab es so viele kleine Flüsse, daß man sich im 17. und 18. Jahrhundert vom Hudson River bis zum East River mit einem Kanu fortbewegen konnte.

Bis zum frühen 19. Jahrhundert mündete der Minetta Brook in der Nähe des Greenwich Village in den Hudson. Die Bewohner entlang des idyllischen Flusses konnten die besten Forellen in ganz Manhattan

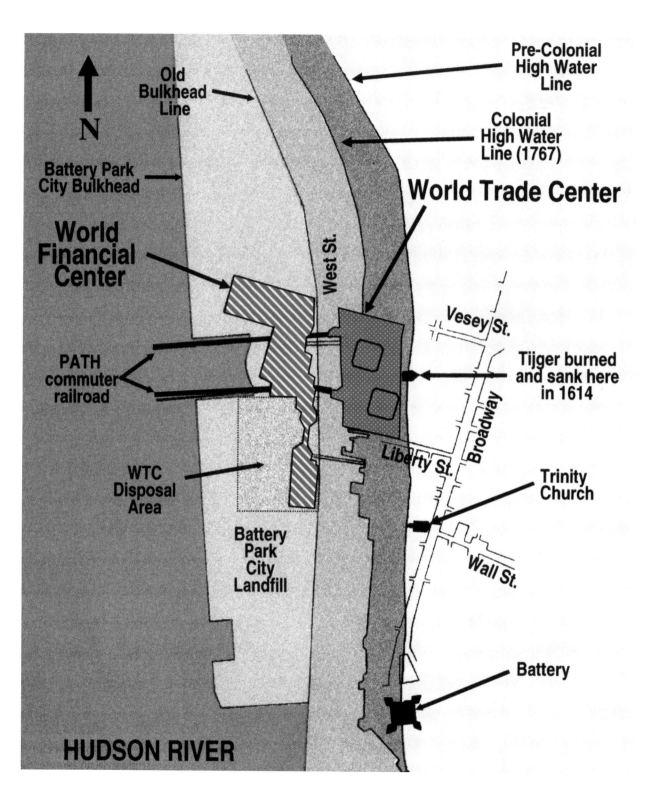

Der Bug eines Schiffes aus dem 17. Jahrhundert, vermutlich der legendären »Tijger«. Er wurde 1916 bei den Bauarbeiten für die U-Bahn-Station an der Cortlandt Street gefunden.

fangen. Er führte so viel Wasser, daß im Washington Square Park ein Sumpfgebiet entstand, das als Massengrab diente. Als man den Park neu anlegte, fand man dort die Überreste von rund 10000 Menschen. Um das Gelände trockenzulegen, wurde der Fluß umgebettet und verschwand so im Untergrund; die Minetta Lane in Greenwich Village folgt noch heute dem Lauf der unterirdischen Strömung. Immer wieder überflutet der launische Fluß, der früher nicht umsonst auch »Devil's Water« genannt wurde, die Keller in seiner unmittelbaren Umgebung; die Premiere des Theaterstücks »Street Theater« am Actors's Playhouse an der Seventh Avenue in den 80er Jahren beispielsweise mußte wegen eines plötzlichen Wassereinbruchs verschoben werden.

Bauingenieure, die die unterirdischen Flüsse bei ihren Planungen ignorieren, gefährden mitunter ihr gesamtes Bauprojekt. Noch heute ist eine Karte aus dem Jahr 1874 von Egbert L. Viele, auf der sämtliche Wasserläufe unter Manhattan verzeichnet sind, das wichtigste Nachschlagewerk. Der Chefingenieur der Hafenbehörde Port Authority, der für den Bau des World Trade Center mitverantwortlich war, hatte eine eingerahmte Vergrößerung der Karte gleich in seinem Empfangszimmer aufgehängt.

Der Bauleiter, der die Errichtung des Chase Manhattan Plaza im Jahr 1957 überwachte, nahm die Flußläufe offensichtlich nicht besonders ernst. Daß sich die Baustelle direkt über dem Smits Vly befand, übersah er großzügig, bis die Aushubarbeiten für das Bankgebäude in einer matschigen Suppe endeten. Zum ersten Mal in der New Yorker Baugeschichte mußten Stützen aus Natriumsilikat in die Baugrube eingebracht werden, um das Wasser und den Schlamm zurückzuhalten. Erst nach dieser überaus aufwendigen »Rettungsaktion« konnte man das Fundament fertigstellen.

Bei den Aushebungen für die U-Bahn-Station Cortlandt Street an der Südspitze Manhattans wurden 1916 die Reste eines alten Schiffes gefunden – mitten unter der Erde lag es plötzlich vor den Arbeitern. Diese Entdeckung interessierte besonders Baumeister James

Fundort der »Tijger« auf dem Gelände des ehemaligen World Trade Center. Dort war im 17. Jahrhundert das Ufer des Hudson River. Im Laufe der Jahrhunderte dehnte sich der südliche Teil Manhattans durch Erdablagerungen und Aufschüttungen nach Westen aus.

Kelly, ein begeisterter Hobby-Historiker. Er hatte davon gehört, daß entlang der Greenwich Street vor Jahrhunderten das Ufer des Hudson verlaufen war und irgendwo ein verschollenes Schiff begraben liegen mußte. Dabei handelte es sich um die »Tijger«, eines von mehreren holländischen Schiffen, die 1613 im heutigen Manhattan anlandeten. Die »Tijger« soll Feuer gefangen haben und untergegangen sein. Kelly war überzeugt, daß er auf die Reste der »Tijger« gestoßen war. Nachdem die herbeigerufenen Archäologen an dem Fund kein besonderes Interesse gezeigt hatten, veranlaßte er auf eigene Faust die Bergung des Bugs, den er in ein großes Aquarium schaffen ließ. Die Untersuchung des gehobenen Schatzes ergab, daß das Holz aus der Zeit zwischen 1450 und 1610 stammt; ob Kelly tatsächlich die »Tijger« ausfindig gemacht hatte, konnte aber bis heute nicht geklärt werden.

Unglücklicherweise wurde nur der Teil des Wracks, der dem Bau der U-Bahn im Weg lag, sichergestellt. Den Rest des Schiffes sowie Kanonenkugeln, Werkzeuge, Pfeifen und Scherben hat man wieder begraben. Das alles liegt heute wohl immer noch dort. Selbst als der Boden gleich neben der Cortlandt Street Station Ende der 1960er Jahre für den Bau des World Trade Center wieder aufgerissen wurde, blieb der Rest des Schiffes verschollen. Archäologen, die eigens damit beauftragt worden waren, nach der »Tijger« Ausschau zu halten, konnten keine weiteren Funde melden.

Dem sorglosen Umgang mit historischen Funden wie beim Bau der Cortlandt Station bietet seit 1966 der »National Historic Preservation Act« Einhalt. Seitdem muß jede New Yorker Baustelle, sofern das Projekt mit staatlichen Geldern finanziert wird, archäologisch begutachtet und jeder Fund genau dokumentiert werden. Voraussetzung ist allerdings nicht, daß sich die Archäologen ihrem eigentlichen Auftrag verpflichtet fühlen. Es soll schon vorgekommen sein, daß der ein oder andere mit einem Bauherrn gemeinsame Sache machte und seine Funde unterschlagen hat, um kostspielige Zeitverzögerungen zu vermeiden.

Erkundung im New Yorker Untergrund.

Zu einer der bedeutendsten Entdeckungen kam es 1991 auf einer Baustelle am Broadway, Ecke Duane Street. Dort stieß man auf eine Grabstätte aus dem 18. Jahrhundert: Die menschlichen Überreste einiger hundert Menschen, Sklaven, wie sich schließlich zeigte, waren seinerzeit außerhalb der Stadtgrenze verscharrt worden. Jedes Skelett wurde gemessen und fotografiert, bevor man es aus dem Grab hob und sorgfältig in Kisten verpackte.

Über ein Jahr verging, bis die Baufirma einen Stopp der Umbettung erreichte, nachdem sie rund 20 Millionen Dollar in den Sand gesetzt hatte. Immerhin war ein wichtiger Aspekt der New Yorker Geschichte ans Tageslicht gekommen – bis auch dieses Kapitel unerwartet zu Ende ging, und zwar am 11. September 2001. Die Kisten, in denen die Skelette ruhten, und die Fotografien hatte man nämlich in einem Keller des World Trade Center eingelagert. Nur ein Teil des wertvollen Fundes konnte bei den Rettungsarbeiten geborgen werden. Der Rest wurde unter den eingestürzten Türmen begraben.

Die Lebensadern Manhattans

Der Croton Aqueduct

In Soho, Manhattan, gibt es eine kleine, unscheinbare Straße, in die sich Spaziergänger nur selten verlaufen. Außer ein paar düsteren Gebäuden scheint es dort nichts besonderes zu geben. Selbst den meisten New Yorkern ist nicht bekannt, daß, eingebettet in den Asphalt der Jersey Street ein Deckel mit der altertümlichen Aufschrift »Croton Aqueduct, 1866« auf die faszinierende Geschichte der New Yorker Wasserversorgung hinweist. Würde man hier hinabsteigen, stieße man auf ein rund 65 Kilometer langes Tunnel- und Rohrsystem, das sich vom Croton River bis ins südliche Manhattan erstreckt.

Die Trinkwasserversorgung ist bis heute eines der größten Probleme der Stadt. Hauptgrund dafür ist die Insellage Manhattans. Denn der Hudson River, der sich von Norden in Richtung Manhattan windet und wie der East River in die Upper Bay mündet, führt in Stadtnähe nur Salzwasser.

Den ersten öffentlichen Brunnen bauten 1666 Einwanderer aus Europa, die sich an der Südspitze Manhattans angesiedelt hatten, vor einem Fort bei Bowling Green, heute ein kleiner Park zwischen dem südlichen Ende des Broadway und der Whitehall Street. Weitere Brunnen zur Trinkwasserversorgung entstanden in den folgenden Jahrzehnten. Die wichtigste Quelle war allerdings der Collect Pond, der sich in der Nähe des heutigen U.S. Court House, dem Gerichtsgebäude, am Foley Square befand. Aus diesem kleinen See konnte man sich jedoch bald nicht mehr versorgen. Das Wasser war Ende des 18. Jahrhunderts so verschmutzt, daß es tödliche Krankheiten verursachte. 1798 forderte eine Gelbfieber-Epidemie so viele Leben unter den inzwischen 60 000 Einwohnern, daß die New Yorker meuterten: ohne frisches, gesundes Wasser würden sie in großen Scharen die Stadt verlassen. Jetzt mußten die Verantwortlichen reagieren. Erfinder und Geschäftsleute fühlten sich angespornt und bemühten sich um eine rasche Lösung des Problems.

Die Manhattan Company unter Aaron Burr machte der Stadt das attraktivste Angebot. 1799 verlegte das Unternehmen mit finanzieller Unterstützung der öffentlichen Hand die ersten unterirdischen Leitun-

Alter Kanaldeckel des Croton Aqueduct im Asphalt der Jersey Street im Manhattaner Stadtteil Soho.

Der Collect Pond, das wichtigste Wasserreservoir New Yorks im 18. Jahrhundert. Gemälde von 1798 (oben).
Zu Beginn des 19. Jahrhunderts wurde der Collect Pond mit Erde aufgefüllt, das Areal als Bauland genutzt. Die Karte unten aus dem Jahr 1846 zeigt die ehemalige Lage des Reservoirs. Heute befindet sich dort das U. S. Court House, das Gerichtsgebäude.

Verlegung der ersten Wasserleitungen New Yorks, die aus hohlen Baumstämmen gefertigt wurden. Gemälde aus der ersten Hälfte des 19. Jahrhunderts.

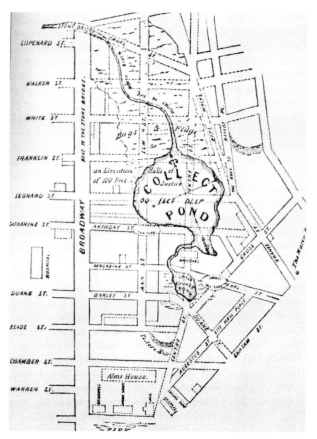

gen. Die Rohre fertigte man einfach aus hohlen Baumstämmen. Sie verliefen von einem Reservoir an der Chambers Street direkt zu den Häusern in Manhattans Süden. Jeder, der einen Hausanschluß erhielt, mußte für den Service zahlen. Aaron Burr war allerdings weniger an einer modernen Wasserversorgung interessiert. Er spekulierte vielmehr auf einen kräftigen finanziellen Gewinn. Um Kosten zu sparen, nahm er von seinem ursprünglichen Plan Abstand, neue Wasserquellen außerhalb der Stadt zu erschließen. Statt dessen baute er weitere Brunnen rund um den verschmutzten Collect Pond, um das Wasser von dort in das Chambers Street Reservoir zu leiten. Letztendlich wurden nur wenige Haushalte von Burr versorgt. Mit dem Geld gründete er schließlich eine Bank – die heutige Chase Manhattan Bank.

Nachdem während der Amerikanischen Revolution 1763–1787 verheerende Feuer weite Teile Manhattans vernichtet hatten, da nicht genügend Löschwasser zur Verfügung stand, baute man 1829 für die Feuerwehr einen großen Brunnen an der Bowery, Ecke 13. Straße. Als sich 1835 wieder einmal ein gewaltiger Brand durch die Südspitze der alten Stadt fraß und fast 700 Gebäude zerstörte – darunter die historischen Häuser

der ersten holländischen Siedler –, mußte man sich erneut mit dem Problem der Wasserversorgung auseinandersetzen, weil die Kapazitäten wieder nicht ausgereicht hatten, und Burr seine einstigen Versprechen bekanntlich nicht einhielt. Nach einer umfassenden Studie des Stadtrats von New York wurde schließlich der Beschluß gefaßt, frisches Wasser aus dem nördlich der Stadt gelegenen Croton River zu beziehen. Dieser Plan ließ sich allerdings nur realisieren, wenn man einen Wassertunnel baute.

Die Arbeiten für den rund 65 Kilometer langen Croton Aqueduct begannen 1837. Ein gemauerter Tunnel wand sich vom Croton River Dam gen Süden durch die Bronx und wurde über den Harlem River auf einer eigens gebauten Brücke geführt, der High Bridge. Von dort aus verlief der Wassertunnel auf Manhattans Westside und endete in zwei Speichern: dem York Hill Reservoir, im heutigen Central Park, und dem Murray Hill Reservoir an der Fifth Avenue, Ecke 42. Straße, heute Standort der Public Library. Von den beiden Reservoirs aus verlegte man unterirdische Leitungen, die sich wie feine Arterien bis ins südliche Manhattan

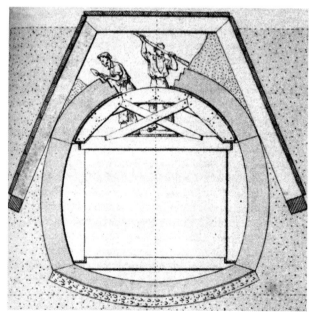

Das York Hill Reservoir, aus dem New York nach Zuschüttung des Collect Pond mit frischem Wasser versorgt wurde. Gemälde aus den 1840er Jahren (oben).
Gespeist wurde das Reservoir vom Croton Aqueduct, der zwischen 1837 und 1842 entstand. Zeichnung der Bauarbeiten aus dem Jahr 1846 (unten).

zogen – eine ingenieurtechnische Leistung ersten Ranges.

Die Einweihung des Croton Aqueduct 1842 feierten die New Yorker begeistert. Zwei Tage dauerte es, bis die ersten Tropfen nach Freigabe des Aquädukts Manhattan erreichten. Begleitet wurde der erste Schwung Wasser von einem mit vier Passagieren besetzten Boot, der »Croton Maid«. Vor der City Hall, dem Rathaus, brach großer Jubel aus. Endlich frisches Wasser!

Doch die Kapazitäten des Aquädukts reichten angesichts der rapiden Bevölkerungszunahme New Yorks in der zweiten Hälfte des 19. Jahrhunderts schon bald nicht mehr aus. Zwischen 1860 und 1912 strömten mehr als 25 Millionen Einwanderer in die Stadt. Wieder wurde das Wasser knapp. Immerhin konnte man einige der Neulinge dafür gewinnen, bei den Arbeiten zum Ausbau des Versorgungssystems mit anzupakken. So entstanden entlang des Croton River neue Wasserspeicher. Darüber hinaus errichtete man Staudämme in den nördlich New Yorks gelegenen Seen. Parallel dazu erweiterte man das York Hill Reservoir: Das neue Becken sollte nicht nur mehr Wasser aufnehmen können, sondern zugleich als See für den geplanten Central Park dienen. Weil man befürchtete, daß all diese Maßnahmen auf längere Sicht immer noch nicht ausreichen könnten, wurde 1883 ein zweiter Wassertunnel gebaut. Der New Croton Aqueduct verlief weitgehend parallel zum alten Croton Aqueduct.

Anfang des 20. Jahrhunderts erschloß man in den Catskill Mountains eine weitere Quelle für die New Yorker Wasserversorgung. Die Arbeiten für einen Tunnel begannen 1907. Doch wie sollte man den Hudson

Verlegung von Wasserleitungen in den 1880er Jahren. Durch diese kleineren Rohre wurde das Wasser aus den großen Reservoirs in Manhattan in die einzelnen Stadtteile geleitet.

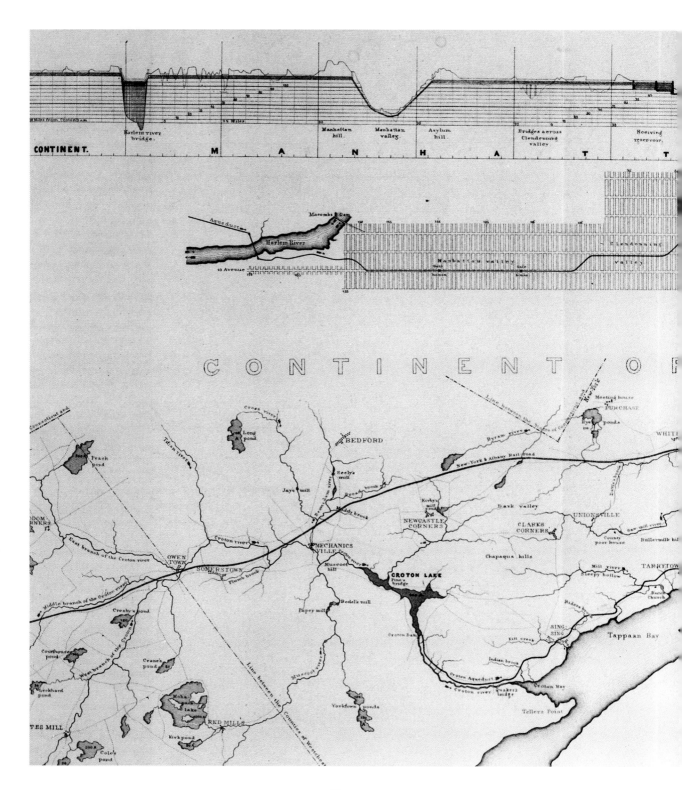

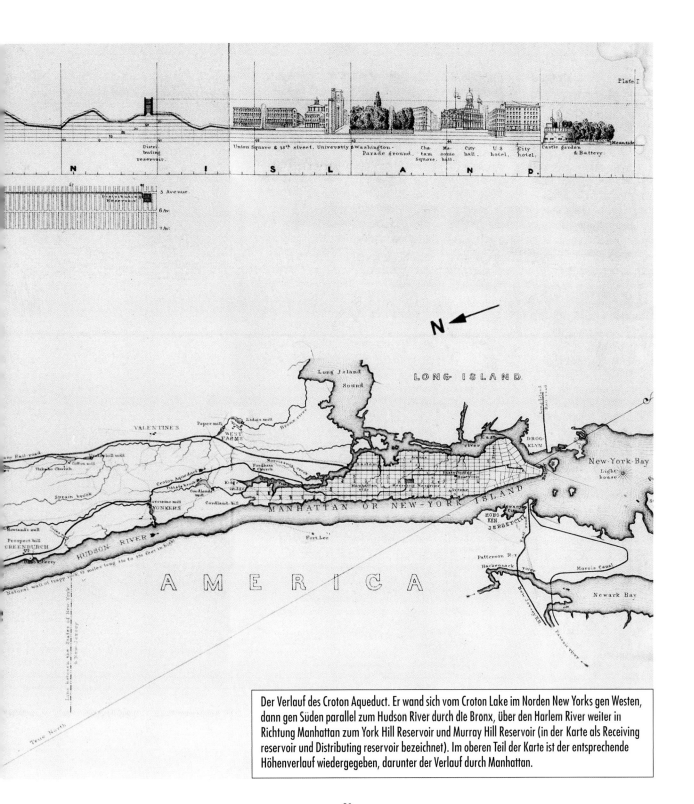

Der Verlauf des Croton Aqueduct. Er wand sich vom Croton Lake im Norden New Yorks gen Westen, dann gen Süden parallel zum Hudson River durch die Bronx, über den Harlem River weiter in Richtung Manhattan zum York Hill Reservoir und Murray Hill Reservoir (in der Karte als Receiving reservoir und Distributing reservoir bezeichnet). Im oberen Teil der Karte ist der entsprechende Höhenverlauf wiedergegeben, darunter der Verlauf durch Manhattan.

Blick in den New Croton Aqueduct vor seiner Inbetriebnahme 1890, der weitgehend parallel zum alten Croton Aqueduct gebaut wurde, weil der Bedarf an Frischwasser enorm gestiegen war.

River überwinden? Ein Projekt wie die High Bridge über den Harlem River war in diesem Fall aufgrund des regen Schiffsverkehrs ausgeschlossen. Also wählte man eine andere Variante. Der Catskills Aqueduct sollte unter dem Hudson River nach Manhattan verlegt werden. Dafür mußte man sich in etwa 340 Meter Tiefe – fast so tief wie das Empire State Building hoch ist – durch soliden Granit graben. Während sich ein Bautrupp von Norden in Richtung Manhattan vorarbeitete, bereitete eine zweite Gruppe in Downtown die unterirdischen Leitungen und Schächte vor und bewegte sich langsam gen Norden. Am 11. Januar 1914 gab es unter der 150. Straße eine letzte Explosion, dann stießen die beiden Trupps aufeinander. Nun konnte man unterirdisch von Manhattan über die Bronx bis in die Catskills spazieren, eine Wanderung, die neun Abenteurer gleich erprobten. Allerdings gaben sie schon nach zwei Tagen wieder auf. Das Gelände war ihnen zu »alpin«.

Dieser City Tunnel No. 1, durch den 1917 das erste Wasser aus den Catskills in die Stadt floß, gilt als technisches Meisterwerk, das gern mit dem Panamakanal verglichen wird, und ist noch heute in Betrieb. Zusammen mit dem City Tunnel No. 2 (fertiggestellt 1936) und dem New Croton Aqueduct verfügt New York über eines der weltweit besten Wassersysteme. Der alte Croton Aqueduct wurde 1955 endgültig stillgelegt.

Nicht nur wegen ihres hohen Alters müßten die beiden City Water Tunnel dringend saniert werden. Sie leiten heute rund 60 Prozent mehr Wasser in die Stadt als im ersten Drittel des 20. Jahrhunderts. Würde eine dieser Hauptarterien ausfallen, wären die Konsequenzen für New York verheerend. Von so einer Katastrophe blieb die Stadt bislang verschont.

Anfälliger sind da schon die kleineren Rohre, die nur dicht unter der Straßenoberfläche liegen und durch die das Wasser aus den städtischen Speichern weiterverteilt wird. Die Fifth Avenue scheint besonders gefährdet. Im Januar 1998 ereignete sich dort, nahe der 19. Straße, zum dritten Mal innerhalb von zehn Jahren ein dramatischer Wasserrohrbruch, bei dem sogar ein Auto im Erdboden verschwand. Das brüchige, anderthalb Meter dicke Rohr, das noch aus dem 19. Jahrhundert stammt und immer wieder provisorisch geflickt wurde, kann jedoch nicht einfach stillgelegt werden. Eine tragbare Lösung für das Problem hat das für die Wasserversorgung zuständige Amt, das Department of Environmental Protection, noch nicht gefunden. So müssen die New Yorker darauf gefaßt sein, die Fifth Avenue eines Tages erneut überflutet zu sehen.

Schon vor Jahrzehnten sind die Verantwortlichen zu der Einsicht gekommen, daß New York einen neuen Aquädukt braucht, um die beiden älteren Tunnel zu entlasten und endlich sanieren zu können. So nahm man 1970 den Bau eines dritten, 96 Kilometer langen Wassertunnels in Angriff – eines der größten Projekte in der Geschichte New Yorks. Er soll vor allem Brooklyn und Queens versorgen.

Die Arbeiten an dem Tunnel kamen anfangs nur mühsam voran. 1975 wurden sie aus finanziellen Gründen sogar ganz eingestellt und erst 1979 wieder aufgenommen. Da man an vielen Stellen gleichzeitig buddelte, konnten nach und nach zahlreiche kleinere

Noch heute liegen unter den Straßen Manhattans Rohre, die einst das Wasser in die einzelnen Bezirke weiterleiteten, das durch den alten und neuen Croton Aqueduct in die Stadt geführt wurde.

Abschnitte fertiggestellt werden. Ein erster größerer Teil des New York City Tunnel No. 3 wurde 1998 eingeweiht. Das rund 20 Kilometer lange Segment beginnt am Hillview Reservoir nördlich von New York, verläuft unter dem Central Park bis zur Fifth Avenue, Ecke 78. Straße, und biegt dort östlich ab. Unter dem East River erstreckt es sich von Roosevelt Island bis nach Queens. Das Rohr hat einen Durchmesser von sieben Metern und liegt zwischen 60 und 240 Metern unter der Oberfläche. Allein dieser Abschnitt verschlang rund eine Milliarde Dollar. Durch vier Schieberkammern kann er später mit anderen Tunnelsegmenten verbunden werden, ohne daß die Wasserversorgung unterbrochen werden muß. Die größte dieser Kammern liegt unter dem Van Cortlandt Park in der Bronx. Von 75 Meter unter der Erde aus kann der Zufluß des Wassers aus den Catskill und den Delaware Reservoirs kontrolliert werden.

Die zweite Bauphase des New York City Tunnel No. 3 wird sich hauptsächlich in Queens und Brooklyn abspielen und noch bis 2008 dauern. Erst dann kann einer der beiden alten Tunnel vorübergehend stillgelegt werden. Mit der Fertigstellung des gesamten Projektes rechnet man erst im Jahr 2020.

Im Kielwasser der »Croton Maid«

Die Ruinen des alten Croton Aqueduct liegen noch heute unter der Stadt und sind in Vergessenheit geraten. Öffentlich zugänglich ist der Wassertunnel nicht. Kaum jemand vermutet daher, daß man weitgehend unterirdisch von der Bronx bis nach Manhattan zu Fuß gehen kann.

Im Van Cortlandt Park in der Bronx lassen sich seine Spuren relativ leicht verfolgen. Dort können Spaziergänger dem Aqueduct Trail folgen, einem Pfad, der oberhalb des Tunnels durch einen Laubwald führt. Teile des Croton Aqueduct ragen an manchen Stellen wie ein Rückgrat aus dem Boden. Dieses Segment des Tunnels, das in offener Bauweise entstand, paßt sich mit seinem künstlichen Erddach in den Park ein.

Der Chefingenieur John B. Jervis, der schon am Erie Canal mitgewirkt hatte, orientierte sich beim Entwurf des Aquädukts in den 1830er Jahren am klassischen Baustil. Vor allem von der alten ägyptischen Architektur war Jervis beeindruckt. Sie wollte er gewissermaßen kopieren. Auch sein Meisterwerk sollte für die Ewigkeit bestimmt sein.

So erklärt sich auch der kleine ägyptisch anmutende Bau am Aqueduct Trail: Ein Entlastungswehr, das seit Stillegung des Wassertunnels nicht mehr in Betrieb ist. Große verblichene Steine umschließen die eiserne Konstruktion, die seinerzeit von einem Wärter bedient wurde. Man konnte nicht nur die Wasserzufuhr regulieren, sondern auch ein ganzes Segment des Aquädukts für Wartungsarbeiten stillegen. Das Wasser wurde in diesem Falle in einen künstlichen Graben geleitet. Heute hängt die Schleuse von Rost erstarrt knapp zwanzig Zentimeter über dem nassen Boden des Tunnels, auf dem sich außer Regenwasser auch allerlei Müll angesammelt hat. Sie ist die einzige der ursprünglich sechs Schleusen entlang des rund 65 Kilometer langen Aquädukts, die man in New York City noch auffinden kann. Auch die Belüftungsschächte, die wie kleine Schloßtürme aus dem Erdboden ragten, sind größtenteils verschwunden.

Der Croton Aqueduct Trail im Van Cortlandt Park, Bronx. Hier kann man auf der »Decke« des alten Croton Aqueduct spazierengehen (oben).
Dabei stößt man auch auf ein verfallenes Haus, das zu einem unterirdischen Entlastungswehr zur Regulierung des Wasserzuflusses gehörte (unten).

Der 1955 stillgelegte alte Croton Aqueduct unter der Bronx, in dem heute knöcheltief fauliges Wasser steht.

Ende des ehemaligen Croton Aqueduct in der Bronx. Von hier aus wurde das Wasser durch eine kleine Öffnung am Boden der Kopfmauer über die High Bridge weitergeführt.

Südlich des Van Cortlandt Park stößt man auf das große Jerome Reservoir, in dem der alte und der neue Croton Aqueduct zusammentreffen. Vorübergehend verliert man den Tunnel aus den Augen, bis er in einem Park namens Aqueduct Lands wieder sein steinernes Rückgrat zeigt. Dann verschwindet er bis zur High Bridge unter der Erde.

Steigt man in der Bronx durch eines der wenigen noch nicht zugeschweißten Einstiegslöcher in den Aquädukt, so kann man ihn bis zum Harlem River unterirdisch begehen. Das Wasser steht zum Teil kniehoch, die Luft ist erstaunlich frisch, von der Decke ragen Stalagtiten herab. Gelegentlich sind Risse in der alten Ummauerung zu sehen, durch die sich Wurzeln zwängen. In regelmäßigen Abständen passiert man alte und rostige Pumpen. Die Stille wird nur vom Flügelschlag einiger Fledermäuse unterbrochen, die sich in dem pechschwarzen Tunnel angesiedelt haben. Nur dort, wo der Tunnel dicht unter der Oberfläche verläuft, hallt der dröhnende Straßenverkehr durch den Schacht.

Kritisch wird es, wenn das Rohr plötzlich stark nach unten abfällt und man sich mit Hilfe eines Seils über den matschigen Steinboden in die ungewisse Tiefe hinuntertasten muß. Kurz vor der High Bridge führt die Strecke wieder steil bergauf und endet in einer Öffnung, die gerade groß genug ist, um auf den Knien hindurchzukrabbeln. Von dort aus wurde das Wasser

Die High Bridge über den Harlem River (oben), die eigens für den Croton Aqueduct gebaut wurde (Mitte). Ansichten aus den 1840er Jahren. Blick ins Innere der High Bridge heute (unten). Das Rohrsystem ist außer Betrieb.

in kleineren Rohren über die Brücke nach Manhattan weitergeleitet.

Die High Bridge, die 1848 fertiggestellt wurde, ist eines der großartigsten Bauwerke New Yorks. Jervis gab sich alle Mühe, seine Ingenieurskunst so richtig zur Schau zu stellen. Eigentlich hätte er auch einen Tunnel durch den Harlem River bauen können, um das Wasser von der Bronx nach Manhattan zu leiten. Das wäre sogar die preiswertere Variante gewesen. Und er hätte auf die Erfahrungen von Marc Brunel zurückgreifen können, der den Bau des 1843 eröffneten Themse-Tunnels geleitet hatte, der damals eine Sensation war. Doch Jervis wollte lieber ein weithin sichtbares Denkmal setzen, nachdem seine Arbeiter schon seit Jahren im Untergrund gebuddelt hatten – als Wahrzeichen moderner Ingenieurstechnik.

Während Jervis beim Bau des Tunnels auf ägyptische Vorlagen zurückgriff, nahm er sich für die High Bridge die alten römischen Aquädukte zum Vorbild.

Schleusenkammer auf der Manhattaner Seite der High Bridge zur Regulierung der Wasserzufuhr.

Dabei setzte er noch eins drauf. Diese erste Brücke der Stadt sollte nämlich auch den New Yorkern, die zwischen der Bronx und Manhattan pendelten, zugute kommen. Deshalb legte er sie so an, daß über den Wasserleitungen noch Platz für einen Fußgängerübergang war.

Bei den Bauarbeiten von 1838 bis 1848 hatten Jervis und seine Leute mit zahlreichen Problemen zu kämpfen. Die größte Sorge bereitete ihnen das Flußbett. Der an vielen Stellen eher sandige Untergrund war nämlich nicht so tragfähig, wie man es sich erhofft hatte. Beim Bau der Pfeiler stießen die Arbeiter sogar auf Überreste eines alten Schiffes, das einer Legende zufolge während der amerikanischen Revolution versenkt worden sein soll. Auch die Versorgung mit Baumaterialien verlief nicht gerade reibungslos. Sie mußten aus dem Norden des Staates New York, aus Connecticut und Maine herangeschafft werden.

Aber die New Yorker waren von der Brücke begeistert. Bereits vor ihrer Fertigstellung galt die High Bridge als ein beliebtes Ausflugsziel. Sonntags zog man seine schönsten Kleider an und spazierte am Ufer des Harlem River entlang, um zu bewundern, was an diesem idyllischen Ort aus dem Wasser wuchs. Der Schriftsteller Edgar Allan Poe, der in jenen Jahren in der Bronx wohnte und die Brücke während ihrer Bauzeit mehrfach besuchte, beschrieb seine Spaziergänge. Künstler malten sie aus allen Perspektiven. Sechs dieser Werke finden sich heute allein im Museum of the City of New York, darunter das vielleicht bekannteste und immer wieder kopierte Gemälde »The High Bridge at Harlem, N. Y.« von Currier und Ives aus dem

Der Croton Aqueduct, der von der Schleusenkammer aus weiter in Richtung Manhattan verläuft.

Jahr 1849. Die Brücke führte auch zu einem Zustrom neuer Bewohner in den Norden Manhattans. Wo vorher nicht viel Leben war, hatten sich schnell Immigranten, hauptsächlich irischer Abstammung, angesiedelt. In der Bronx entstand mit Highbridgeville ein neuer Stadtteil, heute nur noch Highbridge genannt.

Angesichts des zunehmenden Schiffsverkehrs auf dem Harlem River zu Beginn des 20. Jahrhunderts sah man sich in den 20er Jahren dazu gezwungen, einige der steinernen Pfeiler der High Bridge abzutragen. Man ersetzte sie kurzerhand durch einen Stahlbogen. 1970 wurde die Brücke dann für die Fußgänger geschlossen. In den vorangegangenen Jahren hatten sich Jugendliche mehrfach den zweifelhaften Spaß erlaubt, Schiffe von der High Bridge aus mit Steinen und Bierflaschen zu bewerfen. Seitdem liegt die mit Unkraut bewachsene Brücke hinter einem mit Graffiti besprühten Tor im Dornröschenschlaf.

Zu beiden Seiten der High Bridge befinden sich noch heute unterirdische Schleusenkammern. Von der in der Bronx liegenden Kammer führt ein steinerner Rohrschacht in einem Winkel von etwa 45 Grad abwärts. Der Durchmesser entspricht anfangs dem des Aquädukts, wird dann aber immer kleiner. Wer dort sorglos ein wenig herumschnuppert, könnte leicht den Halt verlieren und in die Tiefe rutschen.

Diese Erfahrung machte mein Freund Chris Beauchamp, als ich mit ihm die Kammer das erste Mal erkundete. Vorsichtig tastete er sich zu der Ecke vor, an der das Rohr nach unten abfällt. Plötzlich hörte ich einen dumpfen Schrei und ein lautes Poltern, das immer leiser wurde. Der Schacht war offensichtlich so feucht, daß seine Schuhe keinen Halt fanden und er immer weiter abrutschte. Dann verschwand sein Licht und es war still. Kurz darauf vernahm ich aus der Richtung des schwarzen Loches nur noch das Dröhnen eines Zuges, der tief unter mir vorbeiratterte – ich war wie erstarrt.

Erleichtert bemerkte ich nach einigen Minuten, daß sich ganz langsam ein schwankendes Licht auf mich zu bewegte. Auf allen vieren erreichte Chris schließlich die »sichere« Kammer. Er war rund 100 Meter in die Tiefe gestürzt, wie er berichtete, und in einer pechschwarzen Kuhle gelandet, in der ein paar schlammbedeckte Objekte herumlagen. Dann stieg die Röhre wieder ein Stück an. Diese Richtung wollte Chris allerdings nicht weiter verfolgen, sondern begab sich lieber auf den Rückweg.

Von der Schleusenkammer aus wurde das Wasser ursprünglich durch zwei je einen Meter breite Röhren über die Brücke geleitet, die jedoch nicht so hoch belastbar waren wie der Tunnel selbst. Jervis hielt dies nicht für besonders problematisch. Nach seinen Berechnungen könnten die Leitungen 275 Millionen Liter Wasser täglich transportieren, er plante aber, nur die Hälfte dieses Volumens tatsächlich zu befördern. Für die Versorgung New Yorks würde das seiner Meinung nach genügen.

Weil der Wasserbedarf New Yorks stetig stieg, reichten die Kapazitäten der beiden Röhren bald nicht mehr aus. So installierte man 1860 ein neues Rohr mit einem Durchmesser von 2,3 Metern. Um dem erhöhten Wasserdruck Rechnung zu tragen, wurde diese neue Leitung nicht wie bisher gemauert, sondern aus zwei Zentimeter dickem Stahl gebaut. Aus Platzgründen mußte der Fußweg über dem Rohr neu angelegt werden.

Auch dieses alte Rohr rostet inzwischen vor sich hin. Wind und Wetter ist es vor allem auf dem Teil der High Bridge ausgesetzt, der in den 1920er Jahren durch eine Stahlkonstruktion ersetzt wurde. Das Rohr verläuft im Freien und wird durch ein Gitterwerk von inzwischen nicht mehr sehr vertrauenerweckenden Eisenträgern gestützt. Auf diesem freiliegenden Gitterwerk kann man über einen Laufsteg die Schleusenkammer in Manhattan erreichen.

Ein besonders großes Loch erlaubt den Abstieg in das dunkle Wasserrohr, das über die Brücke führt. Es ist an einigen Stellen so dünn und brüchig, daß Tageslicht durchscheint. Wenn nicht die Luft so stickig wäre, könnte man meinen, einen Sternenhimmel über sich zu haben. In der Mitte stieß ich bei meiner ersten Erkundungstour sogar auf ein überraschend großes Tierskelett. Die Knochen waren so gut wie unberührt, ein Hinweis darauf, daß in den letzten Jahren nur wenige Menschen, wenn überhaupt, durch diesen Schacht gestapft waren.

Durch das Rohr erreicht man die Schleusenkammer

Im Croton Aqueduct kurz hinter der High Bridge auf der Manhattaner Seite.

auf der Manhattaner Brückenseite. Unter dieser befinden sich noch die beiden ursprünglichen Rohre, die zu einem 61 Meter hohen Wasserturm führen, der sich auf einem Felsen erhebt. Er wurde 1872 aus Granit gebaut, um den Druck innerhalb des Tunnels zu stabilisieren und die höher gelegenen Bezirke Manhattans mit Wasser versorgen zu können. Weil dieser Teil der Stadt weit über dem Aquädukt liegt, konnte man das Wasser nicht direkt aus dem Tunnel beziehen. Der Turm verfügte über einen Tank, der rund 180 000 Liter faßte. Da dieses Volumen noch nicht ausreichte, legte man zwischen 1866 und 1873 in unmittelbarer Nähe zum Turm ein Reservoir an, das 1934 in ein Schwimmbad umgewandelt wurde.

Der Wasserturm ist seit 1949 außer Betrieb, die Treppe, die von der Klippe zur High Bridge führte, längst zerstört, das Parkgelände verwildert. Wer Glück hat, kann an einer der seltenen Führungen durch den Turm teilnehmen, der 1989 für die Öffentlichkeit gesperrt wurde. Zu entdecken gäbe es einiges, etwa die reich verzierte eiserne Wendeltreppe, die bis in die Turmspitze hinaufführt.

Im Norden Manhattans, ungefähr zwischen der 135. und 173. Straße, liegt der Aquädukt noch weitgehend intakt unter den Straßen. Vom Highbridge Park windet er sich in Richtung Süden. Als er entstand, gab es in diesem nördlichen Teil New Yorks fast nur Bauernhöfe; die Ingenieure konnten kaum ahnen, wie schnell sich die Stadt nach Norden ausdehnen würde. Der Tunnelverlauf läßt sich oberhalb anhand von Hydranten, Einstiegsluken oder Trinkwasserpumpen gut verfolgen, da er nicht überbaut werden durfte. Man befürchtete, daß die Konstruktion nachgeben könnte.

Der längste geradeaus laufende Abschnitt, der auch noch gut erhalten ist, liegt unter der Amsterdam Avenue. Entlang der Straße gab es seinerzeit zahlreiche Schleusenhäuser, von denen nur noch zwei erhalten sind. Die anderen mußten dem Verkehr weichen. Eines befindet sich an der Ecke zur 135. Straße. Es entstand mit dem neuen Croton Aqueduct und verband diesen mit dem alten Croton Aqueduct.

Im Unterschied zu den meisten anderen Schleusen-

Wasserturm unmittelbar neben der High Bridge. Er entstand 1872, um die höher gelegenen Stadtteile Manhattans mit Wasser versorgen zu können.

häusern orientierte sich Jervis beim Bau dieses Gebäudes weniger an der Antike. Damit es nach etwas aussah, brachte er Verzierungen an und krönte sein Werk mit einem achteckigen Türmchen. Große Eisenrohre und Wasserhähne schmücken heute noch wie seltsame Pflanzen das Schleusenhaus. Nach jüngsten Plänen soll das inzwischen verwahrloste Gebäude in ein Theater umfunktioniert werden.

Ab der 135. Straße ist der unterirdische Schacht des Croton Aqueduct teils zerstört, teils mit Erde und Zement aufgefüllt. Das zweite erhaltene Schleusenhaus an der Amsterdam Avenue, Ecke 119. Straße mußte be-

reits 1895 dem Straßenbau weichen. Es wurde allerdings nicht einfach abgerissen, sondern um einige Meter versetzt. Das seit 1990 ungenutzte Gebäude steht heute unter Denkmalschutz; auch dort soll möglicherweise ein kulturelles Zentrum eingerichtet werden.

Je weiter man dem alten Aquädukt oberirdisch in Richtung Midtown zu folgen versucht, um so schwieriger wird es. Hydranten oder Trinkwasserpumpen gibt es immer seltener. Auch unter der Erde blieb wenig erhalten. Ein Gerücht, das Metropolitan Museum nutze einen Teil des Aquädukts an der Fifth Avenue als Lagerraum, erwies sich als falsch. Vor dem Bau der New York Public Library an der Fifth Avenue, Ecke 42. Straße wurden fast alle Überreste des Murray Hill Reservoir beseitigt. Gelegentlich stößt man noch auf einen Gullydeckel, auf dem das Wort »Croton« deutlich lesbar ist.

Der spannendste Teil des alten Aquädukts in New York ist der lange unterirdische Schacht zwischen der High Bridge und dem ersten Schleusenhaus auf der 135. Straße. Als ich mich dort das erste Mal auf eine Entdeckungsreise begab, machte ich einen beunruhigenden Fund. Gleich hinter der Schleusenkammer, an der das Eisenrohr der High Bridge in Manhattan en-

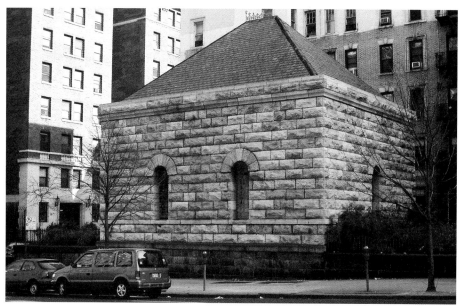

Turm des Schleusenhauses an der Amsterdam Avenue, Ecke 135. Straße. Es war das auffallendste seiner Art.

Schleusenhaus des Croton Aqueduct an der Amsterdam Avenue, Ecke 119. Straße.

Blick in den Croton Aqueduct unter der Bronx.

Abstieg in einem der Pfeiler der High Bridge, die über den Harlem River führt.

Das Rohr des Croton Aqueduct, das über die High Bridge verläuft.

Die Schleusenkammer des Croton Aqueduct auf der Manhattaner Seite der High Bridge.

Heute sind die Wände des Croton Aqueduct mit einem schmierigen Belag überzogen, weil überall Wasser durch das Mauerwerk dringt.

Wo sich der Wassertunnel durch harten Granit windet, ist er nur bis zur Decke ausgemauert.

An vielen Stellen des weitgehend verfallenen Wassertunnels dringen Wurzeln durch das Mauerwerk.

Arbeiter hinterließen eine Inschrift: »August 1910«. Zu diesem Zeitpunkt war der Croton Aqueduct zu Wartungszwecken trockengelegt.

Diese Leitung führt seitlich von der Schleusenkammer der High Bridge auf der Manhattaner Seite zum nahegelegenen Wasserturm.

Der Croton Aqueduct hat kurz hinter der Schleusenkammer ein geländebedingtes Gefälle von etwa 45 Grad.

Die Autorin mit Freunden im Croton Aqueduct unter Manhattan

det, beginnt wieder der bekannte Backsteintunnel. Auf der rechten Seite gab es einen zugemauerten Einstieg. Dort, in einer Ecke, schimmerte ein kleines Porzellanobjekt: zwei zum Gebet gefaltete Hände. So etwas stellt man auf, wenn jemand ums Leben gekommen ist, schoß es mir durch den Kopf. Vor den Händen, unter dem Einstieg, öffnete sich ein Schacht, in dem verschmutztes Wasser stand.

Das Gefühl einer gespenstischen Unwirklichkeit verstärkte sich, je tiefer ich in den Tunnel eindrang. Das angestaute Wasser war zwar nur ein paar Zentimeter hoch, dennoch sah man kaum etwas. Dunst erfüllte die Luft, hier und dort tropfte kondensiertes Wasser von der Decke. An einigen Stellen schallte das Echo meiner Stimme erst nach Sekunden zurück. Schon bevor ich den Abschnitt des Aquädukts erreichte, der unter der Amsterdam Avenue verläuft, dröhnte mir der Autolärm entgegen. Auch die U-Bahn ratterte gewissermaßen nebenan vorbei.

Teilweise hat man offensichtlich Sprengstoff benutzt, um den Granit zu durchbohren. An diesen Stellen ist der Tunnel nur bis zur Decke mit Backsteinen ausgelegt, die Decke selbst besteht aus Granit. Neben den Bohrlöchern weist das Gestein scharfe Ränder auf, die darauf hindeuten, daß der Tunnel nie ganz mit Wasser gefüllt war. Überall ist die Wassergrenze an der Verfärbung der Wände erkennbar.

Dort unten verliert man das Gefühl für Zeit und Raum. Wie weit ich mich schon von der High Bridge bzw. der Schleusenkammer entfernt hatte, wußte ich

Zum Gebet gefaltete Porzellanhände vor einem senkrecht in die Tiefe führenden, zugemauerten Einstiegsschacht im Croton Aqueduct kurz hinter der Manhattaner Schleusenkammer.

nicht, als ich auf eine Art Graffiti stieß: »August 1910«. Zu der Zeit war der neue Croton Aqueduct schon in Betrieb und der alte für Reparaturzwecke stillgelegt worden. Männer, die an den Sanierungsarbeiten beteiligt waren, müssen diese Spur hinterlassen haben.

Je weiter ich dem Tunnel gen Süden folgte, um so tie-

Der Croton Aqueduct unter dem Norden New Yorks. Das Wasser steht streckenweise so hoch, daß man den Tunnel mit einem Boot befahren kann.

fer wurde das stetig abwärts fließende Wasser, bis es in der Nähe des Tunnelendes an der 135. Straße fast einen Meter hoch stand. Das Wasser hat dort keine Abflußmöglichkeit, was man auch an dem leicht faulen Geruch erkennen kann. Über eine Leiter erreichte ich ein Einstiegsloch. Durch den eisernen Deckel konnte ich endlich wieder frische Luft einatmen. Es war schon ein seltsames Gefühl, nach einer so langen unterirdischen Wanderung plötzlich unmittelbar unter der sehr belebten Amsterdam Avenue zu stehen.

Weiter kann man den Tunnel nicht begehen. Er wurde zum Teil segmentiert, zum Teil abgerissen oder umgebaut. Ab und zu stoßen Arbeiter auf vermeintliche Überbleibsel, wie die beiden Installateure von Fiber Optics Cable, die ich eines Nachmittags auf der Amsterdam Avenue, Ecke 119. Straße nach ihren Funden fragte. Vom Croton Aqueduct hatten sie nie gehört. Aber sie erzählten von einer feuchten, gemauerten Kammer tief unter ihrem Einstiegsloch, die sicher zu dem alten System gehörte.

Um auch ein bißchen zur Geschichte des Aquädukts beizutragen, beschloß ich gemeinsam mit meinen Freunden Chris Beauchamp und Aaron Benoy, die Jungfernfahrt der »Croton Maid« nachzuvollziehen. Zumindest einen kleinen Teil der damaligen Strecke. Die »Croton Maid« war das mit vier Männern besetzte Boot, das in dem Wassertunnel bei seiner Einweihung 1842 den ersten Wasserschwall begleitete. Die Reise dauerte damals zwei Tage. Wir nahmen uns eine Nacht.

Im November 2001 brachten wir ein Schlauchboot in den mit Wasser gefüllten Teil des Aquädukts im Norden Manhattans etwa an der 155. Straße. Getauft wurde das Boot (mit Bier, nicht Champagner) »Croton Maid Junior«. Zwei Personen konnten darin sitzen, ohne im schlammigen Wasser unterzugehen. Weil Aaron so schön Frank Sinatras »New York, New York« singen kann und der Song nun wirklich angebracht war, stapfte er uns singend voraus.

Von unseren Stimmen und dem Plätschern des Wassers abgesehen, war es dort unten ganz still. Je weiter wir dem dunklen Tunnel folgten, desto mehr verloren wir das Gefühl für die Zeit. Die Nebelschwaden schienen in der kalten Luft wie erstarrt. Wurzeln drängten sich durch die Risse in der Mauer, die mit einem glitschigen Belag überzogen war.

In der »Croton Maid Junior« erreichten wir nach ein paar Stunden sicher und glücklich die »Endstation« unter der 135. Straße. Nach dieser Nacht konnten wir uns sehr viel besser vorstellen, wie spannend die Bootsfahrt 1842 durch den Untergrund Manhattans und der Empfang durch die New Yorker, die die Ankunft ihres ersten frischen Trinkwassers feierten, gewesen sein mußte.

Erste Abwasserkanäle

Anfang Februar 1935 hatte es in New York wieder einmal stark geschneit. In der Nähe des Harlem River an der 123. Straße war eine Gruppe junger Männer damit beschäftigt, den Schnee von der Straße zu schaufeln. Sie wollten ihn einfach in einem offenen Einstiegsloch, das zur unterirdischen Kanalisation führte, entsorgen. Salvatore Condulucci stand der Öffnung am nächsten. Er schob den Schnee, den seine Kameraden aufgehäuft hatten, mit seiner Schaufel in den Abgrund. Als er nach einiger Zeit hinabspähte, um zu sehen, ob sich das Loch langsam füllte, bemerkte er, daß sich dort etwas bewegte: eine große, dunkle Form brach durch den weißen Haufen. Salvatore sprang auf und schrie: »Da unten ist ein Alligator!«

Ungläubig versammelten sich die anderen Männer am Rande des Loches und blickten in die Tiefe. Tatsächlich versuchte sich ein großes Tier aus dem Schnee zu befreien. Sie beschlossen, ihm zu helfen. Im benachbarten »Lehigh Stove and Repair Shop« besorgten sie sich eine Wäscheleine, knüpften ein Lasso und hievten das Tier drei Meter hoch an die Oberfläche. Nachdem sie es geborgen hatten, bewunderten sie ihren Fund: es war tatsächlich ein Alligator, noch dazu ein sehr großer. Allerdings war das Reptil das kalte New Yorker Klima nicht gewöhnt. Ausgehungert, fast erfroren, öffnete es seinen Rachen und schnappte nach Luft. Die langen nagelspitzen Zähne versetzten die Retter in Panik. Sie packten ihre Schaufeln und schlugen auf das Tier ein, bis es sich nicht mehr regte.

Danach zerrten sie den toten Alligator in den »Lehigh Stove and Repair Shop« und legten ihn auf eine Waage: er wog 125 Pfund. Die Länge schätzten sie auf

Im Februar 1935 soll eine Gruppe von Männern an der 123. Straße in der Kanalisation auf einen Alligator gestoßen sein. Dieses Ereignis beflügelt bis heute die Phantasie der New Yorker, was sich in zahlreichen Spielzeugen manifestiert.

rund 2,5 Meter. Der Trubel lockte zahlreiche Neugierige an, die in den Laden strömten und darüber rätselten, wie sich der Alligator unter die Straßen New Yorks verlaufen konnte. Nach einigem Hin und Her kam man zu dem Schluß, daß er von einem Dampfer aus Florida gefallen und über den East River in einen der Abwasserkanäle stadteinwärts gekrabbelt sein müsse. Mit der Erklärung gab man sich soweit zufrieden. Kurze Zeit später fuhr ein Müllwagen vor und holte das Tier ab, um es zu einer Mülldeponie zu bringen.

So wurde es am Tag nach dem aufsehenerregenden Fund in der *New York Times* berichtet – es ist bis heute die berühmteste Geschichte über die Kanalisation der Metropole. Seitdem blüht die Legende, unter den Straßen Manhattans trieben sich Alligatoren herum. Doch erst mehr als sechs Jahrzehnte später, im Jahr 2001, konnte wieder ein Alligator in New Yorker Gewässern ausgemacht werden, und zwar in einem der Seen im Central Park. Dennoch hat sich der Mythos hartnäckig gehalten und wurde immer wieder genährt. So zum Beispiel in Büchern von Thomas Pynchon, in Filmen, Comics und allerlei anderen Medien der Popkultur. Der Spielzeugladen »Archie McPhee's« hat einen blassen New Yorker »Sewergator« im Angebot, und die Website sewergator.com dokumentiert alles nur Erdenkliche zu diesem Thema.

In dem für die Kanalisation zuständigen Amt, dem Department of Environmental Protection, wird der Mythos humorvoll gepflegt: Als Auszeichnung für besondere Leistungen erhalten Angestellte der Behörde eine mit einem Alligator verzierte Stecknadel. Der ehemalige Kanalinspektor und »King of Sewers«, Teddie May, war nicht nur dafür bekannt, daß er gern in der Kanalisation schwimmen ging. Er soll sogar Jagd auf ganze Reptilienfamilien gemacht haben.

Als Charles Sturcken, der Stabschef des Department of Environmental Protection, im Juni 2001 darüber informiert wurde, daß ein kleiner Alligator im Harlem Meer, dem nördlichsten See im Central Park, gesichtet worden sei, wollte er das Tier sofort einfangen lassen, allerdings nicht, um es in einen Zoo zu bringen. Der

Alligator sollte in sein »natürliches Gelände zurückgebracht werden – und zwar in die New Yorker Kanalisation«. Die New Yorker trauten ihren Ohren nicht. »Im Harlem Meer könnte der Alligator den Winter nie überleben«, erklärte Sturcken ganz ernsthaft. »Das Kanalisationssystem ist viel wärmer und gleicht einem natürlichen Sumpfgebiet, mit Tunneln, die insgesamt 9600 Kilometer lang sind, und fast fünf Milliarden Liter frischem Wasser.«

Ein bißchen Stolz konnte man dabei schon heraushören, und das aus gutem Grund. Das Kanalisationssystem mußte sich New York nämlich hart erarbeiten. In Sachen Hygiene war die sonst sehr fortschrittliche Stadt lange rückständig. Noch vor 150 Jahren hatte New York den unerfreulichen Ruf, die übelriechendste Stadt Amerikas zu sein.

Das Thema Unrat behandelten die sonst ehrgeizigen New Yorker von Anfang an nur stiefmütterlich. Als sich die Holländer in Manhattan ansiedelten, gruben sie Rinnen in die Straßen, in die sie ihren Abfall schütteten. Der erste größere Kanal entstand in der Mitte des 17. Jahrhunderts aus einem Bach, der ursprünglich an der heutigen Broad Street entlanglief. Mit Holzplanken wurde das Bett so ausgebaut, daß

Die von holländischen Siedlern in der ersten Hälfte des 17. Jahrhunderts angelegte Heere Gracht. Sie wurde zugleich als Abwasserkanal genutzt (linke Seite). Als der Collect Pond Anfang des 19. Jahrhunderts zugeschüttet wurde, mußten die unterirdischen Wasserströme über einen Kanal abgeleitet werden, der später der Canal Street ihren Namen gab. Gemälde von 1812.

die Strömung die Mischung aus Müll, Fäkalien und Regenwasser an den Straßen vorbei in den East River spülen konnte. Diese Heere Gracht schufen die Holländer in Anlehnung an die Kanäle in ihrer einstigen Heimat. Doch in New York funktionierte das sonst so bewährte System nicht. Das Regenwasser, für den »Spülvorgang« so wichtig, war in Kürze nur noch der geringste Bestandteil. An stickigen, windstillen Tagen lagen Dunstwolken, die aus dem dickflüssigen Kanal aufstiegen, über den Straßen. Weil der Graben die Luft so stark verpestete, daß man es bald kaum noch aushalten konnte, überbaute man ihn mit einer Straße. 1747 wurden die Holzplanken dann durch Backsteine verstärkt.

Dieser erste Abwasserkanal war nur eine Notlösung. Das stinkende Gemisch lief trotz allem immer wieder über und sammelte sich in abstoßenden Pfützen. In den heißen New Yorker Sommern kam es vor, daß selbst die Hartgesottenen einen großen Bogen um bestimmte Stadtteile machten. Auch mit den später bis zu zwei Meter tief in der Straßenmitte angelegten Gräben konnte das Problem nicht gelöst werden. Offiziell nur für das Regenwasser gedacht, füllten sie sich so schnell mit Abfällen, daß sie bald verstopft waren.

Für den menschlichen Unrat gab es größtenteils nur freistehende Plumpsklosetts. In den feineren Gegenden wurden diese nachts von schwarzen Sklaven, den »Tub Men«, geleert, die die Eimer zu den Flüssen trugen. In den ärmeren Bezirken waren die Klosetts in einem heute fast unvorstellbaren Zustand. Der Dreck sickerte in den Boden, selbst wenn sich der Abort direkt neben bewohnten Häusern befand. In diesen berüchtigten Mietwohnungen, den »Tenements«, auf der Lower East Side wohnten arme Immigrantenfamilien auf engstem Raum im Keller. Es gibt Berichte über Frauen, die ihre Wäsche in fensterlosen Kellerzimmern neben dem Kinderbett aufhängten, während an den Wänden Fäkalien herunterliefen.

Vor diesem Hintergrund dürfte es kaum überraschen, daß in New York die unterschiedlichsten Krankheiten verbreitet waren. Als die Stadtverwaltung im Jahr 1803 beschloß, den verseuchten Collect Pond mit Erde aufzufüllen, wurden die bislang in den See laufenden unterirdischen Ströme in einen kleinen Fluß abgeleitet, welcher der heutigen Canal Street ihren Namen gab. Entlang dieser Straße wurde eine breite Rinne ausgehoben, die direkt in den Hudson River führte.

Abwassersammelkanal am Broadway, Ecke 56. Straße. Er wurde Anfang des 20. Jahrhunderts vorübergehend freigelegt.

Nachdem der Collect Pond zugeschüttet war, wollte man das Grundstück nicht einfach brachliegen lassen, sondern bebauen. Doch die Keller der neuen Häuser standen oft unter Wasser, weil es nicht schnell genug entlang der Canal Street abfließen konnte. Der Gestank in dieser Gegend muß unvorstellbar gewesen sein. 1819 wurde auch dieser Kanal abgedeckt.

Ein Bericht des Lyceum of Natural History aus dem Jahr 1831 faßt die Situation der mehr als 200 000 New Yorker ganz sachlich zusammen: Alle 24 Stunden würden 100 Tonnen Fäkalien in den Boden Manhattans abgesetzt. Die New Yorker seien inzwischen so abgestumpft, daß ihnen selbst das importierte, saubere Trinkwasser nicht schmecke: »Dieses Wasser ist wie der Wind – es hat nichts, in das man hineinbeißen kann.«

Man war einigermaßen ratlos, wie das Problem zu lösen war. Der Bau von Kanälen machte nur dann Sinn, wenn man sie mit halbwegs sauberem Wasser ausspülen konnte. Aber seitdem der Croton Aqueduct die Stadt endlich mit frischem Wasser versorgte, wurde alles nur noch viel schlimmer. Die reicheren Bürger bauten sich Wasserklosetts, die regelmäßig überschwappten und die Gegend verseuchten.

Ab 1845 durften die WC-Anlagen gegen ein Entgelt an die schon existierenden Abflußrinnen angeschlossen werden, die jedoch nur für flüssige Abwässer ausgelegt waren. So entstanden in den wohlhabenderen Gegenden ganze Abwassersysteme, was zur endgültigen Verstopfung der Kanäle führte. Auch nachdem man die ersten Abflußrohre unter die Straßen gelegt hatte, mündeten sie nicht in einem Sammelkanal, sondern in den kleineren Bächen. Wie seinerzeit in London, landete der Unrat in den Flüssen und schließlich zwischen den Landungsstegen und behinderte den Schiffsverkehr. Alfred Craven, einer der Ingenieure des Croton Aqueduct, wurde nach Europa geschickt, um dort die städtischen Abwassersysteme zu studieren.

1857 waren immer noch weniger als ein Drittel der inzwischen rund 800 Kilometer asphaltierter Straßen in New York mit Abflußrohren versehen. Während die reicheren Viertel, die nördlich der 42. Straße lagen, bevorzugt versorgt wurden, mußten sich die Arbeiterviertel, in denen überwiegend deutsche und irische Einwanderer auf engstem Raum zusammengepfercht lebten, gedulden. Erst nachdem in Europa 1865 eine Cholera-Epidemie ausgebrochen war, arbeiteten die New Yorker auf Hochtouren an ihrem Abwassersystem. In den 1890er Jahren hatte New York Abwasserleitungen in der Gesamtlänge von fast 750 Kilometern, mehr als in jeder anderen Stadt in Europa und Amerika, mit Ausnahme von Chicago.

Die Fäkalien wurde auch weiterhin in die Flüsse geleitet. Das führte u.a. dazu, daß Coney Island im Süden Brooklyns, wo sich seit Inbetriebnahme der neuen U-Bahn 1904 an heißen Sommertagen bis zu eine Million Menschen am Strand tummelten, regelrecht verschmutzt war. Die erste Kläranlage wurde, nachdem sich zwischenzeitlich zahlreiche Fabriken an den Flüssen angesiedelt hatten, erst 1935 in Coney Island eröffnet. 1942 gab es bereits sieben Kläranlagen, die allerdings gerade einmal die Hälfte der Abwässer reinigen konnten. Inzwischen verfügt New York über 14 solcher Anlagen.

Eine der modernsten Kläranlagen wurde 1986 eröffnet. Die North River Plant hebt sich insofern von allen anderen ab, als sie nach Protesten der Gemeinde unter die Erde verlagert wurde. Die Anlage liegt in Harlem am Hudson River, gestützt von unterirdischen Senkkästen, die in dem 70 Meter tiefen Flußbett verankert sind. Auf dem Dach des Gebäudes wurde ein Park mit

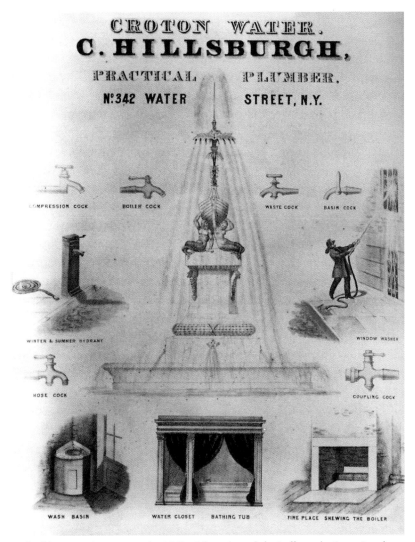

Werbeplakat eines Klempners aus den 1840er Jahren, der nach der Eröffnung des Croton Aqueduct neue Frischwasser- und Abwasserlösungen anbot.

drei Schwimmbecken, einer Eislaufbahn, Sportplätzen und einem Restaurant angelegt.

Und gibt es heute noch einen wilden Alligator im New Yorker Untergrund? Das kann wohl niemand mit absoluter Sicherheit ausschließen. Den kleinen Besucher vom Central Park wird man dort jedenfalls nicht antreffen. Er wurde von einem eigens aus Florida angereisten Alligator-Experten eingefangen und in den Süden gebracht, wo er hoffentlich glücklich lebt.

Kabelgewirr unter den Straßen

Als 1886 die Freiheitsstatue eingeweiht wurde, strahlte die Fackel so grell über das Wasser, daß sich die Seefahrer beschwerten. Die Beleuchtung des New Yorker Wahrzeichens mußte daraufhin etwas bescheidener ausfallen. Zurückhaltung allerdings mußten die New Yorker erst lernen – von den magischen Kräften des Stroms waren sie begeistert. Nachdem Thomas Edison 1879 zum ersten Mal seine elektrischen Glühbirnen demonstriert hatte, dauerte es nur wenige Jahre, bis die meisten Fabriken und Geschäfte Manhattans ans Stromnetz angeschlossen waren. Doch auch der Stadt selbst sollte die Elektrifizierung zugute kommen. 1886 gab es schon 1500 Straßenlampen in New York.

Edison verfolgte von Anfang an den Plan, seine Kabel nicht über Maste laufen, sondern unterirdisch verlegen zu lassen. Um die Leitungen vor Feuchtigkeit zu schützen, entwickelte er eine teerhaltige Isolierungsschicht. Im September 1882 gründete Edison das erste Elektrizitätswerk, die Electric Light Company in der Pearl Street.

Damals gab es im Untergrund noch nicht viel Konkurrenz. Heute ist Manhattan so dicht verkabelt, daß man an einigen Stellen kaum einen Bleistift zwischen die Stränge schieben kann. Zu Edisons Zeiten gab es neben den Leitungen für die Wasser- und Dampfversorgung nur noch die unterirdischen Leitungen der fünf New Yorker Gaswerke, die sich in einen bissigen Konkurrenzkampf um die Beleuchtung der Stadt verstrickt hatten – ein Wettbewerb, den Edison mit seinen Laternen für sich zu entscheiden wußte.

In zeitgenössischen Illustrationen liegt Manhattan unter einem Labyrinth von Kabeln. Die Maste von Western Union, Bell Telephone, der East River Electrical Lighting Company und anderen Versorgern ächzten unter dem Gewicht von bis zu 200 Leitungen. Immer wieder fielen Kabel einfach auf die Straße. 1884 verordnete die von Edisons unterirdischem System beeindruckte Stadtverwaltung, daß alle Leitungen in den Untergrund zu verlegen seien. Die meisten betroffenen Unternehmen ignorierten diesen Beschluß allerdings, denn man hatte wenig Vertrauen in die gängigen Isolierungsverfahren.

Der schlampige Zustand der Maste fand 1888 ein jähes Ende, als ein besonders schwerer Schneesturm über Manhattan tobte. Zahlreiche Maste knickten ein, die losen Kabel peitschten durch die Straßen, New York war von der Außenwelt komplett abgeschnitten. Es war nicht mehr zu bestreiten, daß die Kabel unter die Straßen verlegt werden mußten. Der Bürgermeister, Hugh P. Grant, ging eigenhändig mit einer Axt von Mast zu Mast. Als einige Firmen mit Boykott drohten, nahm er von seinem Streifzug Abstand. Die meisten Unternehmen beugten sich schließlich dem vier Jahre zurückliegenden Beschluß der Stadtverwaltung.

Im Oktober 1889 kam für die Maste endgültig der Todesstoß. Ein

Das erste von Thomas Edison gegründete Elektrizitätswerk, die Electric Light Company, wurde mit Kohle betrieben. Es lag an der Pearl Street im Süden Manhattans. Ansicht von 1882.

Arbeiter der Western Union wurde mitten im geschäftigen Downtown durch einen Stromschlag getötet. Tausende Schaulustige versammelten sich fast eine Stunde lang um die von dem Mast hängende Leiche, aus deren Mund blaue Blitze schlugen. Am nächsten Tag verordnete der Bürgermeister zum letzten Mal, alle Leitungen unter die Erde zu verlegen. Diesmal gab es gegen die wiederholte Order nur noch wenig Widerstand.

Damit nicht jedes Unternehmen auf eigene Faust im Untergrund buddelte, wurde 1891 die Empire City Subway Company gegründet (»Subway« steht wörtlich für »unter der Straße«). Die Gesellschaft hatte den Auftrag, die Kabel für Telegrafie, Telefon und Strom zu verlegen. Noch heute gilt Empire City, inzwischen eine Tochtergesellschaft der Telekom Verizon, als eines der führenden Unternehmen im Untergrund.

Die Versorgungsleitungen mußten nicht nur unter die Straßen, sondern auch durch die Flüsse gelegt werden. Um Manhattan mit Gas beliefern zu können, nahm die East River Gas Company in Queens 1892 den ersten Tunnel unter dem East River in Angriff. Allerdings hatte man sich mit den eigenwilligen Bodenschichten des East River bislang noch nicht auseinandersetzen müssen. Zusätzlich stand den Ingenieuren auch noch eine schmale und langgestreckte Insel, Roosevelt Island, im Weg.

Auf dieser Insel, die damals noch Blackwell's Island hieß, hatte man die Ausgestoßenen untergebracht. Dort befanden sich mehrere Krankenhäuser und das von Charles Dickens in düsteren Farben beschriebene Irrenhaus New Yorks. Genau unter dem Incurable Hospital sollten die nur drei Meter breiten Tunnelsegmente von Queens und Manhattan aufeinandertreffen. Die Ingenieure waren sich offensichtlich nicht sicher, ob ihnen das gelingen würde.

Um die Arbeiten unter Tage oberirdisch verfolgen zu können, verankerte man neben den Bohrlöchern unter Wasser Drahtseile und führte sie an die Wasseroberfläche. Dann stieg einer der Ingenieure auf das Dach einer Brauerei in Manhattan und schätzte per Augenmaß, ob die beiden Tunnelteile wirklich aufein-

Bevor man Ende des 19. Jahrhunderts die Stromleitungen in den Untergrund verlegte, war das Straßenbild Manhattans von einem einzigartigen Kabelgewirr geprägt. Ansicht von 1888.

ander zu steuern. Das Team hatte ganze Arbeit geleistet: mit einer Verschiebung von nur zwei Zentimetern trafen die beiden Tunnelsegmente aufeinander.

Beim Bau dieses Tunnels mußte man sich noch mit zahlreichen anderen Problemen herumschlagen. Der vom Chefingenieur später verfaßte Report liest sich wie ein Abenteuerroman. Als sich die Arbeiter etwa 100 Meter von Manhattan aus unter dem East River vorgekämpft hatten, stieß ihre Bohrmaschine plötzlich statt auf den üblichen Schiefer auf einen acht Meter langen Abschnitt weicher Erde. Durch den Schlamm drang immer mehr Wasser in den Schacht ein und der ganze Tunnel drohte überflutet zu werden. Die Bauarbeiter, die um ihr Leben fürchteten, meuterten. Doch der Chefingenieur bestand darauf, die Richtung beizubehalten. Mit Genehmigung der Gas Company stabilisierte er den gefährdeten Teil des Tunnels durch ein mit Mauerwerk verstärktes Stahldach. Unter diesem Schutz drangen die Arbeiter durch den Schlamm wei-

Verlegung von Dampfleitungen zur Versorgung der Gebäude, die über kein eigenes Heizungssystem verfügten. Stich aus dem *Scientific American* von 1881.

ter vorwärts. Als der Tunnel erneut von einer mit Wasser gefüllten Aushöhlung im Gestein bedroht war, verstopfte man die entsprechenden Stellen mit Heusäcken, die sich natürlich nicht von selbst an der Tunneldecke halten konnten. So begannen die ersten Experimente dieser Ingenieure mit erhöhtem Luftdruck, die vier Todesopfer forderten. Schließlich vermochte man auch diese kritische Phase zu meistern.

Am 11. Juli 1894 wurde unter großer Spannung das letzte Gestein zwischen den beiden Tunnelsegmenten mit Dynamit gesprengt. Jetzt war es möglich, unterirdisch zwischen Queens und Manhattan zu pendeln. Durch den Tunnel verlegte man nämlich nicht nur eine breite Gasröhre, sondern auch schmale Gleise, auf denen kleine Wagen fuhren, um Passagiere zu befördern.

Inzwischen liegen in dem Tunnel, der heute noch existiert, neben Gasleitungen auch Leitungen für Dampf und Strom. Während die Gasleitungen eine Gesamtlänge von fast 7000 Kilometern erreicht haben, bilden die Stromkabel der Consolidated Edison Company (Con Edison) ein weit größeres Netz: Insgesamt rund 141 600 Kilometer unterirdische und rund 54 700 Kilometer oberirdische Kabel in den Randbezirken versorgen heute New York City und Westchester mit Strom. Mit diesem Netz könnte man dreieinhalb Mal die Erde umspannen.

Wenn im Sommer die Klimaanlagen auf Hochtouren laufen, gerät die Con Edison regelmäßig an die Grenzen ihrer Kapazität. Der Stromverbrauch in New York steigt dann oft auf mehr als 10 000 Megawatt täglich. Da man mit dem Verlegen neuer Kabel und dem Bau weiterer Elektrizitätswerke nicht so schnell nachkommt, muß man insbesondere an heißen Tagen mit einem Blackout rechnen.

Für die Atmosphäre eines »Film Noir« sorgt der weiße Dampf, der vor allem bei schlechtem Wetter aus den Gullys aufsteigt und über den New Yorker Straßen schwebt. New York besitzt das größte unterirdische Dampfsystem. Mit einer Temperatur von mehr als 200 Grad Celsius wird der Dampf zwei Meter unter der Straßenoberfläche durch eiserne Rohre gepreßt. Das Netz versorgt etwa 2000 Gebäude, die über kein eigenes Heizungssystem verfügen.

Etwa 1200 Einstiegsschächte führen zu diesem System. Es ist allerdings nicht der Dampf aus den Leitungen selbst, der einem auf den Straßen die Sicht nimmt. Die weißen Schwaden entstehen, wenn Wasser aus dem durchweg feuchten Untergrund auf die heißen Leitungen tropft und verdunstet. An einigen Stellen mußte man eigens Abzüge installieren, die den Dampf auf die Straße leiten.

1882 wurde das erste Gebäude von der New York Steam Company mit Dampf beliefert: die United Bank am Broadway, Ecke Wall Street. Bereits wenige Monate später versorgte das Unternehmen fast das ganze Finanzviertel. Die Tunnel der alten Steam Company

Noch heute ist ein Großteil der alten Dampfleitungen in Betrieb. Bei schlechtem Wetter steigt aus zahlreichen Gullys weißer Nebel auf, der entsteht, wenn Wasser im Untergrund auf die heißen Rohre tropft.

Unter der Straßenoberfläche von Dowtown ist heute kaum noch Platz für neue Leitungen.

wurden ihrer Wärme wegen Mitte des 20. Jahrhunderts von Obdachlosen bevorzugt. Sie kletterten durch die Einstiegsschächte und richteten sich in den engen Korridoren ihre Behausungen ein. Erst nachdem es durch die angestaute Hitze zu Todesfällen gekommen war, wurde die Steam Company auf ihre Gäste aufmerksam. Sie ließ die Schächte überwachen und verriegeln. Inzwischen gehört das New Yorker Dampfsystem zu Con Edison. Diese betreibt noch heute fünf Dampfanlagen in Manhattan sowie je eine in Queens und Brooklyn.

Obwohl der Dampf kontrolliert durch die Rohre geschickt wird, muß man sich vor unterirdischen Explosionen in acht nehmen. Wer den Film »Out of Towners« mit Jack Lemmon gesehen hat, kennt die folgende Sequenz: Er stellt sich in Manhattan zufällig auf den Deckel eines Einstiegsschachts, tritt dann einen Schritt beiseite und plötzlich schießt das Ding ein paar Meter in die Luft. Kaum zu glauben, aber so etwas passiert tatsächlich. Am 12. März 2001 zum Beispiel ging der Deckel eines Schachts auf der Eighth Avenue hoch. Flammen loderten aus der Öffnung empor. Ein Mann, der die Straße gerade überquerte, wurde durch die Luft geschleudert und schwer verletzt. Die unterirdische Explosion hatte selbst Gebäude erschüttert, die zehn Straßenblöcke entfernt lagen.

Con Edison ließ verlautbaren, daß solche Explosionen nur durch brüchige Kabel ausgelöst werden könnten. Beruhigend ist das kaum. Kurzschlüsse sind vor allem im Winter vorprogrammiert, denn dann tropft das aufgelöste Streusalz von den Straßen in den Untergrund und frißt sich durch die Isolierung der elektrischen Kabel.

Wie es bei der Arbeit in den Schächten zugeht, erzählte mir ein Monteur, der seit zehn Jahren Tag für Tag Kupfer- und Glasfaserkabel verlegt. Zunächst werden zwei miteinander verbundene Einstiegsschächte geöffnet. Durch den unterirdischen Gang spannen die Monteure dann ein gelbes Seil, an dem eine Winde befestigt ist. Mit dieser Winde wird das Telefonkabel, das auf einer großen Spule liegt, über eine Laufrolle durch die Schächte gezogen. Mehrere Kilometer der schweren Kupferkabel werden auf diese Weise jeden Tag verlegt.

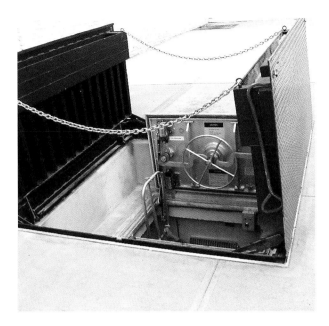

Ab und zu steigt der Monteur auch in eine der unterirdischen Kammern, in denen sich die Telefonvermittlungsanlagen befinden. Dort laufen die großen Kupferkabel zusammen, die durch Glasfaserkabel mit der Zentrale verbunden sind. Daß diese Anlagen im Untergrund liegen, spart Geld und Platz. Man hat sie aber auch aus Sicherheitsgründen dort installiert. Schon vor dem 11. September 2001 war die genaue Lage der Kammern »top secret«. Ein terroristischer Anschlag auf eine dieser Vermittlungsstellen könnte die Kommunikation ganzer Stadtteile lahmlegen. Deshalb werden die unauffällig erscheinenden Eingänge von innen durch mindestens drei verschiedene Schließsysteme gesichert.

Die Kammern sind mit Strom und mehreren Belüftungsschächten ausgestattet. »Immer wenn ich in einer dieser Anlagen bin, muß ich an die beklemmende Enge in einem U-Boot denken«, erzählt der Monteur. »Es ist unheimlich, die Lukendeckel hinter sich zu schließen, wenn man erst einmal unten ist.« Dennoch gefällt ihm die Arbeit im Untergrund besser als auf der Straße – er fühlt sich dort sogar sicherer. Im Falle einer Katastrophe würde er sich hierher zurückziehen, sagt er. Für Eindringlinge seien die Verriegelungen nicht zu knacken, die unterirdischen Anlagen so sicher wie ein Bunker.

Auch die Überreste eines Rohrpostsystems liegen noch unter den Straßen Manhattans. Mit einer Ge-

Dezentrale Telefonvermittlungsanlagen im Untergrund, die durch ein aufwendiges Schließsystem gesichert sind.

schwindigkeit von 48 Stundenkilometern flitzten die Briefe vor 100 Jahren zwischen den Postämtern hin und her. 1897 wurden die Leitungen in Chicago, Boston, Philadelphia, St. Louis und New York eingerichtet. 43 Kilometer lang war das System, das vom Battery Park über den Times Square, die Grand Central Station und das Hauptpostamt an der Pennsylvania Station bis nach Harlem reichte. Die Röhren wurden sogar über die Brooklyn Bridge verlegt, um auch mit dem Postamt von Brooklyn kommunizieren zu können. Bis man die Leitungen durch Postautos ersetzte, funktionierte das System selbst bei Schneestürmen einwandfrei. Der Nachteil war nur, daß ein Postamt nicht umziehen konnte, ohne die Straßen aufzureißen und alle Leitungen umzulegen. Außerdem verschlang die Rohrpost Unsummen. Jedes Jahr mußten 17000 Dollar pro Meile für die Instandhaltung investiert werden.

Die eisernen Röhren hatten einen Durchmesser von 20 Zentimetern und wurden mit Druckluft betrieben. Auf jeder Strecke gab es zwei Röhren, damit die Post in beide Richtungen geschickt werden konnte. Die einzelnen Briefe – bis zu 500 Stück täglich – packte man in Dosen. Diese jagte ein »Rocketeer«, eine Art Kanonier, durch die Röhren. In einer in den 1950er Jahren veröffentlichten Publikation wurden die Dosen mit Granaten verglichen: »Es ist, als würde die Post aus Gewehren geschossen.« Um zu verhindern, daß die Büchsen irgendwo steckenblieben, schickte man gelegentlich Ölbehälter durch das System, das anschließend ordentlich geschmiert war. Außerdem hatten die Behälter vier kleine Räder, damit sie besser durch die Kurven kamen.

Die Möglichkeiten dieses Systems schienen grenzenlos. Optimistisch prophezeite der Postchef Charles Emory Smith im Jahr 1900, daß eines Tages alle Haushalte in Amerika per Rohrpost versorgt werden könnten. Gut fünfzig Jahre später, am 1. Dezember 1953, kam schließlich das Aus. Die Beförderung der Post mit Lieferwagen war inzwischen erheblich preiswerter. Die Leitungen liegen heute ungenutzt im Untergrund.

Doch sicher nicht für lange Zeit. Der Platz unter den New Yorker Straßen ist einfach zu wertvoll. Der Bedarf an immer schnelleren Internet-Verbindungen hat eine Welle neuer unterirdischer Aktivitäten ausgelöst. Vor allem für die Verlegung von Glasfaserkabeln sind die stillgelegten Poströhren attraktiv. Es gibt bereits Pläne, Glasfaserkabel durch die alten Wassertunnel zu legen. Doch die brach liegenden Leitungen des Rohrpostsystem dürften sich dafür besser eignen, weil sie ein viel dichteres Netz bilden. Allerdings weiß zur Zeit niemand so genau, wo die Stränge verlaufen. Man müßte sie sich erst wieder erschließen. Allein das wäre ein großer Aufwand.

Das U-Bahn-System

Der Überraschungscoup von Alfred Beach

Im Januar 1870 hielt die Prominenz von New York eine überraschende Einladung in Händen: Ein gewisser Alfred Beach bat am 26. Februar zur Eröffnung der ersten U-Bahn. Abgesehen von ein paar Arbeitern wußte niemand in der ganzen Stadt, daß überhaupt an einer unterirdischen Bahn gebaut wurde. Die Nachricht verbreitete sich in Windeseile.

Seit Mitte des 19. Jahrhunderts wurde das tägliche Verkehrschaos in Manhattan zu einem immer größeren Problem. Kutschen, Omnibusse und Fußgänger kämpften auf den Hauptstraßen um jeden Meter. Ein damaliger Besucher schrieb, beim Überqueren des Broadway riskiere man regelrecht sein Leben. Immer mehr New Yorker forderten den Bau einer Untergrundbahn nach Londoner Vorbild. Politiker und Ingenieure machten sich daran, entsprechende Pläne auszuarbeiten.

Die Stadt lag jedoch fest in der Hand von William »Boss« Tweed. Der war nicht nur einer der korruptesten Politiker in der Geschichte New Yorks, sondern hatte auch in das sehr lukrative Kutschengeschäft der Metropole investiert. Wer eine Bahn plante, mußte Tweed mehr Geld bieten, als dieser durch die Kutscherei einnahm. Über solche finanziellen Mittel verfügte allerdings kaum jemand. Selbst der reiche Railroad-Magnat Hugh Willson kam wegen politischer Komplikationen mit seinem Plan für einen unterirdischen Zug von der Battery im äußersten Süden Manhattans bis zum Central Park nicht an Tweed vorbei.

Vor dem Hintergrund solcher Rangeleien schlug die Einladung von Alfred Beach wie eine Bombe ein. Beach war Zeitungsverleger und Erfinder. Nicht die Londoner U-Bahn war es, die ihn besonders faszinierte, sondern eine andere Konstruktion aus England: das pneumatische Rohrpostsystem, das 1866 in Betrieb genommen worden war. Beach spielte mit dem Gedanken, dieses System auch für größere Transporte einzusetzen. Er entwarf Pläne für eine pneumatische Bahn und eine hydraulische Tunnelbohrma-

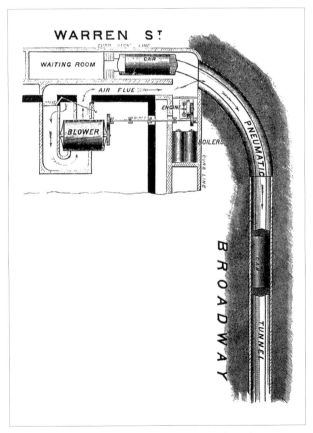

Plan für eine pneumatische Bahn von Alfred Beach aus dem Jahr 1870. Vorbild war das Londoner Rohrpostsystem.

Mitte des 19. Jahrhunderts herrschte auf den Straßen New Yorks, hier der Broadway, ein heilloses Verkehrschaos. Gemälde aus den 1860er Jahren.

schine, die bei jedem Vorstoß fast einen halben Meter Erdreich ausgraben konnte. Er glaubte, damit die Lösung für New Yorks Verkehrsprobleme gefunden zu haben. Aber er wollte weder »Boss« Tweed Schmiergeld zuschieben, noch – wie Railroad-Magnat Hugh Willson – aus politischen Gründen scheitern.

Beach beschloß daher, seine U-Bahn heimlich und auf eigene Kosten zu realisieren. Um sein Unternehmen zu tarnen, stellte er 1868 einen Antrag für den Bau eines pneumatischen Rohrpostsystems, der ihm ohne weiteres genehmigt wurde. Er mietete den Keller von »Devlins Clothing Store« am Broadway, Ecke Warren Street, direkt gegenüber vom Rathaus. Umgehend begann er mit den nächtlichen Ausgrabungen unter dem Broadway, wo der Boden aus überwiegend lockerem Erdreich bestand. So leise wie nur irgend möglich beförderten sein Sohn und ein paar eingeweihte Arbeiter jede Nacht den Schotter aus dem Keller in bereitstehende Kutschen. Die Bohrmaschine leistete dabei allerbeste Dienste. Selbst eine alte Steinmauer, die sich als Überrest eines holländischen Forts erwies, räumte sie mühelos beiseite.

Das größte Hindernis, das es zu überwinden galt, war allerdings »Boss« Tweed. Das wußte Beach. Er hoffte, die insgesamt rund acht Kilometer lange Strecke bis zum gerade fertiggestellten Central Park eines Tages unterirdisch ausbauen zu können. Die einzige Chance für die Verwirklichung seiner Pläne lag darin, die New Yorker Öffentlichkeit auf seine Seite zu ziehen, indem er sie gebührend beeindruckte. Also baute er unter der Warren Street eine 40 Meter lange Wartehalle von legendärer Opulenz: Ausgestattet mit Kronleuchtern, Gemälden, einem Klavier und Springbrunnen ähnelte sie einem Prunksaal. Vorhänge aus Samt verdeckten künstliche Fenster.

58 Nächte dauerte die Arbeit an dem unterirdischen Bauwerk, das sich in einer Tiefe von fast sieben Metern unter dem Broadway einen Block von der Warren Street bis zur Murray Street erstreckte. Ein längeres Stück wollte Beach nicht bauen, ehe er der Öffentlichkeit die Gelegenheit gegeben hatte, sein Projekt zu unterstützen. Außerdem konstruierte er einen kleinen eleganten Waggon mit 22 Sitzen, der von einem gigantischen Ventilator angetrieben wurde.

Die Eröffnungsfeier am 26. Februar 1870 war bombastisch. Reporter von der *New York Times*, der *New York Sun*, der *Scientific American* und anderen einflußreichen Blättern kamen in Scharen und zeigten sich beeindruckt. Der *New York Herald* verglich die Station mit einer »Höhle von Aladin, gefüllt mit verstecktem Zauber«. Monatelang ließ sich die New Yorker Society in dem prächtigen Waggon von einem Ende des Tunnels zum andern fahren.

Vision von Alfred Beach: Mit dem Bau einer Untergrundbahn wollte er die New Yorker Verkehrsprobleme lösen. Seine Idee fand nur wenig Unterstützung.

Unterstützt von einer großen Mehrheit entwarf Beach einen »Beach Transit«-Plan für die unterirdischen Bohrarbeiten, die den Stadtverkehr nicht beeinträchtigen würden. Kosten: fünf Millionen Dollar. Wie erwartet, war Tweed über Beachs Vorstoß empört. Tweed konterte mit einem 80-Millionen-Dollar-Projekt für den Bau einer Hochbahn. Daß der Straßenverkehr während der Arbeiten teilweise lahmgelegt werden müßte, interessierte ihn wenig. Die Polit-Klüngelei funktionierte bestens: Governor John Hoffman gab prompt Tweed den Zuschlag. Dieser wurde allerdings kurze Zeit später, im Dezember 1871, wegen Korruption entmachtet.

Beach kämpfte derweil für seine Untergrundbahn weiter, nicht ohne Erfolg. Der Börsencrash vom September 1873 brach dann auch ihm das Genick. Alle potentiellen Investoren sprangen von heute auf morgen ab. Hinzu kam, daß inzwischen auch zahlreiche Ingenieure daran zweifelten, ob sich die pneumatische Bahn überhaupt realisieren ließ. Als dann das Hochbahn-System weiter ausgebaut wurde, gab Beach schließlich die letzte Hoffnung auf. Er starb 1896, ohne je eine Subway in New York erlebt zu haben.

Sein Tunnel aber blieb erhalten. Die luxuriöse Halle

Zeichnung der Waggons (links) und des Tunnels (rechts) aus der Broschüre, die Alfred Beach 1873 veröffentlichte, um für sein Projekt zu werben.

wurde zunächst in eine Schießbude umgebaut, einige Jahre später dann als Weinkeller und Lagerraum genutzt. Schließlich geriet sie in Vergessenheit. Erst 1912 stießen Arbeiter wieder auf Beachs Hinterlassenschaft. Sie brachen beim Bau der City Hall Station durch eine Mauer und fanden den kleinen, inzwischen verrotteten Waggon und die Bohrmaschine. Ein Teil von Beachs Tunnel wurde später in die City Hall Station integriert.

Aber was passierte mit der Station und der Wartehalle? Bis zum heutigen Tag ist dies eines der großen Rätsel des New Yorker Untergrunds. Es ist möglich, daß die Wartehalle bereits vor der Wiederentdeckung des Tunnels einfach zugemauert wurde und immer noch unter dem Broadway liegt. Ein Zugang konnte bislang jedoch nicht ausfindig gemacht werden. Vielleicht wird eines Tages ein ahnungsloser Bautrupp – ähnlich der berühmten Episode in Fellinis Spielfilm »Roma« aus dem Jahr 1972 – eine Wand durchstoßen und eine Halle betreten, die gefüllt ist mit lange vergessenem Luxus.

Das Monopol des August Belmont

Wenige Jahre bevor Alfred Beach seine Ausgrabungen unter dem Broadway begann, hatte man schon die ersten Pläne für ein Hochbahn-System entwickelt, um die Verkehrsprobleme in den Griff zu bekommen. 1867 stellte der Erfinder Charles Harvey den ersten Prototyp einer von Seilen gezogenen Hochbahn entlang der Greenwich Street der Öffentlichkeit vor. Die Testfahrt verlief so glatt, daß bereits 1870 die erste Hochbahn-Strecke von der Dey Street in Süd-Manhattan bis zur 29. Straße dem Verkehr übergeben werden konnte.

Das Netz wurde in den folgenden Jahren rapide erweitert. Tweed hatte schon kurz nach Harveys Testfahrt begriffen, daß an ihm vorbei ein großes Transportsystem entstehen würde. Alle Versuche, dies zu verhindern, scheiterten, denn auch Harvey hatte politische Freunde. Den weiteren Ausbau des Hochbahn-Systems vermochte Tweed nicht aufzuhalten. Im Jahr 1875 reichte die Strecke schon bis zur 42. Straße. Gezo-

Bau der ersten U-Bahn-Strecke New Yorks unter dem Broadway, Ecke 116. Straße um 1903.

gen wurden die Züge inzwischen von Dampfmaschinen. Drei Jahre später beförderte die Hochbahn im Durchschnitt 8 500 Passagiere täglich.

Das neue Hochbahn-Netz stieß nicht nur auf Zustimmung. Die großen und schweren Stahlviadukte verdunkelten die Straßen, die Maschinen waren laut, der Qualm verpestete die Luft in den umliegenden Wohnvierteln. Davon abgesehen konnten die Züge die immer längeren Strecken nur mit niedriger Geschwindigkeit zurücklegen. Da war es nur allzu verständlich, daß das Interesse an einer unterirdischen Bahn bald wieder zunahm.

So plädierte der New Yorker Bürgermeister Abram Hewitt 1888 vor dem Stadtrat für ein unterirdisches Bahnsystem. Hewitt wußte, daß nur die Stadt die notwendigen Finanzmittel aufbringen konnte, aber selbst nicht in der Lage war, das U-Bahn-Netz zu bauen. Der von ihm entwickelte Plan (später die »Hewitt-Formel« genannt) sah vor, daß die Regierung das Geld bereitstellen und eine Privatfirma sowohl den Bau als auch

Aushubarbeiten für den U-Bahn-Bau unter dem Broadway, Ecke 64. Straße um 1903.

die spätere Verwaltung übernehmen müßte. Im Ergebnis dieser Überlegungen wurde 1891 der erste »Rapid Transit Act« unterschrieben und somit die amtliche Genehmigung für den Bau der ersten New Yorker U-Bahn erteilt. Bis zur Realisierung sollten allerdings noch einige Jahre vergehen, während der man sich über die Details stritt.

Derweil gab es weitere Vorschläge. Der deutsche Klavierfabrikant William Steinway gehörte der für die Planung der U-Bahn verantwortlichen Kommission an. In Seesen westlich von Goslar geboren, war er als 14jähriger 1850 nach Amerika ausgewandert. Mit seinem Vater und zwei Brüdern gründete er in der Varick Street in Manhattan die Klavierfirma Steinway & Sons.

Nachdem das Unternehmen seinen Sitz nach Astoria (Queens) verlegt hatte, investierte Steinway in Immobilien und eine Pferderennbahn. Er setzte sich auch für eine verkehrstechnische Erschließung seines Stadtteils in Queens ein. Die eigens dafür ins Leben gerufene Steinway Commission entwarf 1891 den Plan für eine U-Bahn, die entlang der Eastside Manhattans verlaufen sollte. Investoren für die Finanzierung des Projekts fanden sich allerdings nicht. Wieder endete das Ganze in einem politischen Chaos. Im November 1894 sollten die New Yorker schließlich selbst über die Hewitt-Formel abstimmen. Fast drei Viertel der Wähler stimmten für dieses Finanzierungsmodell.

Mit diesem zweiten »Rapid Transit Act« war end-

lich der Weg frei für eine öffentliche Finanzierung der Baukosten. Gleichwohl sollte es noch fünf Jahre dauern, bis die Mittel für die erste Strecke freigegeben wurden und die John B. McDonald Company den Zuschlag erhielt. Um den Auftrag erfüllen zu können, brauchte McDonald jedoch eine Bankbürgschaft über sieben Millionen Dollar, denn das finanzielle Risiko sollte er allein tragen. Die Absicherung gab ihm der Bankier August Belmont, der zu den wichtigsten Förderern der New Yorker U-Bahn zählt.

August Belmont war der Sohn von August Schönberg, einem deutschen Juden, der, ähnlich wie die Guggenheims und Seligmans, nach seiner Übersiedlung nach New York unter dem amerikanischen Antisemitismus litt. Schönberg übersetzte seinen Namen

Abschnitt der ersten U-Bahn-Strecke, der unter dem Belmont Hotel am Times Square verlief (oben). Umlegung von Abwasserleitungen im Rahmen der Bauarbeiten für die U-Bahn-Linie (unten).

Postkarte, mit der für die neue U-Bahn geworben wurde. Sie zeigt die Skyline von Manhattan und den Tunnel unter dem East River nach Brooklyn.

ins Französische und hoffte, so seine jüdische Identität verbergen zu können. Als sein Sohn August 1853 in New York auf die Welt kam, war die Familie wohlhabend und verkehrte in den besten Kreisen. Belmont Jr. erbte ein stattliches Vermögen, lebte wie ein Prinz und zählte die Rockefellers und Rothschilds zu seinen Bekannten.

Als McDonald bei Belmont um finanzielle Unterstützung anfragte, erkannte letzterer sofort die Chancen, die eine Investition in das New Yorker U-Bahn-System barg. 1900 wurde der erste Vertrag, der »Contract One«, unterschrieben. Belmont gründete daraufhin die Rapid Transit Subway Construction Company, die den Bau verantwortete, und 1902 die Interborough Rapid Transit Company (IRT), die die späteren Verwaltungsaufgaben übernahm.

Die erste Linie sollte von der City Hall nach Norden zur Grand Central Station, dann unter der 42. Straße in Richtung Westen und ab dem Times Square unter dem Broadway in die Bronx führen. Die gut 21 Kilometer wollte man mit den Hochbahnen in der Bronx verbinden. Der erste feierliche Spatenstich von August Belmont und Bürgermeister Robert Van Wyck erfolgte im Mai 1900 vor der City Hall in Manhattan.

Als die New Yorker ihre erste U-Bahn in Angriff nahmen, konnten sie auf den inzwischen reichen Erfahrungsschatz der Europäer zurückgreifen. Belmont mußte die Entscheidung treffen, ob man wie in London mit einem Vortriebsschild tief im Untergrund vorstoßen oder wie in Budapest mit einem offenen Einschnitt arbeiten sollte. In Budapest hatte man einen tiefen Graben ausgehoben und die Seitenwände mit Stahlträgern gestützt. Dann wurde der Tunnel überdacht und die Erde wieder aufgefüllt. Der Ausbau der Stationen und das Verlegen der Gleise erfolgten anschließend. Auf diese Weise wollte Belmont auch in New York vorgehen. Die Methode schien ihm einfacher und kostengünstiger als der herkömmliche bergmännische Tunnelbau. Daß das Verkehrschaos vorübergehend zunehmen würde, weil ganze Straßenzüge aufgerissen werden mußten, nahm er billigend in Kauf.

Rund 10 000 Arbeiter hoben insgesamt etwa 3 Millionen Kubikmeter Erde aus. Hausfundamente mußten abgestützt, Wasserleitungen und Hochbahnpfeiler teilweise sogar verlegt werden. Hinzu kam, daß sich der Untergrund in Manhattan nicht zum ersten Mal als ziemlich unbeständig herausstellte: Mal war er bröckelig, an anderen Stellen, wie zwischen der 14. und 18. Straße, reichte der Granit fast bis an die Straßenoberfläche. In Downtown mußte man die Trasse durch den ehemaligen Collect Pond legen, der inzwischen

Eingang zur City Hall Station, bis zur Schließung 1945 der prächtigste U-Bahnhof New Yorks.

künstlich aufgefüllt war, und die Pearl Street durch eine besondere Vorrichtung gegen das Grundwasser schützen. Auch der ehemalige Kanal unter der Canal Street bereitete Probleme.

Als günstiger Umstand erwies sich, daß die Bauarbeiten für das neue Verlagsgebäude der *New York Times* zu der Zeit begonnen wurden, als die Ausgrabungen für die Tunnelkurve von der 42. Straße in Richtung Broadway erfolgten. Weil der U-Bahn-Bau Vorrang hatte, mußten zahlreiche der so wichtigen Stahlträger, die den Wolkenkratzer der *Times* stützen sollten, mit Hilfe einer Brückenkonstruktion über der Tunneldecke der U-Bahn errichtet werden. Zusätzlich wurde die Nordwand des Kellers, in dem man die Druckmaschinen unterbringen wollte, durch einen 27 Tonnen schweren Träger verstärkt, um ihn gegen Erschütterungen durch die U-Bahn zu isolieren.

Für den Zeitungsverlag hat sich der Aufwand gelohnt, denn die *New York Times* konnte viel schneller als die Blätter der Konkurrenz per U-Bahn ausgeliefert werden. Trotz aller Komplikationen im Untergrund wurde der Neubau der *New York Times* pünkt-

Postkarte der City Hall Station, die aus Anlaß der Eröffnung des neuen Bahnhofs 1904 herausgegeben wurde.

lich am 31. Dezember 1904 feierlich eröffnet. Um Mitternacht begrüßte man das neue Jahr mit einem Feuerwerk, das man auf dem Dach des Gebäudes zündete, bis heute eine Sylvester-Tradition.

Unter dem Columbus Circle am südwestlichen Ende des Central Park führte die U-Bahn nur knapp einen Meter an der Mitte des Monuments vorbei. Ein Drittel des Fundaments des 23 Meter hohen Denkmals wurde im Rahmen der Bauarbeiten beseitigt. Zur Stützung mußte ein kleiner Tunnel durch das unterirdische Mauerwerk des Denkmals gebohrt werden, durch den dann von außen verstärkte Stahlträger eingeschoben wurden.

Das erste große Unglück ereignete sich im Januar 1902. Ein Arbeiter namens Moses Epps bekam in einer Hütte auf der Park Avenue etwas südlich der Grand Central Station kalte Hände. Er zündete sich eine Kerze an, um die Finger wieder aufzuwärmen. Als er kurz die Hütte verließ, fiel die Kerze zu Boden und setzte eine Papiertüte in Flammen. 200 Kilogramm Dynamit, die in der Hütte lagerten und für die Sprengung des härteren Gesteins im Manhattaner Untergrund benötigt wurden, flogen in die Luft. Die Explosion zerstörte das Murray Hill Hotel und zerschmetterte die Uhr des Grand Central. Es gab fünf Tote und 180 Verletzte, Moses Epps überlebte. Nach diesem Unfall wurde das Sprengstoffgesetz in New York verschärft und eine strengere Überwachung des explosiven Materials angeordnet.

Ein kleinerer Tunneleinsturz unter der Park Avenue verzögerte die Arbeiten ein weiteres Mal. Schlimmer aber war ein zweiter Sprengstoff-Unfall 1903 unter der 195. Straße. Die Sprengung wurde an einem fast 20 Meter unter der Straßenoberfläche liegenden Tunnel ausgeführt. Nach der planmäßigen Explosion brachte der Bauführer Timothy Sullivan seine Arbeiter in den Tunnel zurück, unglücklicherweise bevor der ganze Sprengstoff detoniert war. Das restliche Dynamit explodierte genau zu dem Zeitpunkt, als die Gruppe das Tunnelsegment erreichte. Der Bauführer und neun Arbeiter starben, andere waren unter Felsen eingeklemmt.

Zu dem Unfall war es wahrscheinlich gekommen, weil die Arbeiten schnell vorangetrieben wurden. Statt der vorgeschriebenen zwei Sprengungen pro Tag gab es an diesem Tag drei. Die Ingenieure wiesen jedoch jegliche Verantwortung von sich. Sie behaupteten, der Unfall sei auf den instabilen Boden zurückzuführen. Der Chefingenieur William Parsons notierte in seinem Tagebuch lediglich, daß die geologischen Verhältnisse unter der 195. Straße ungewöhnliche Schwierigkeiten mit sich gebracht hätten – über die Verunglückten verlor er kein Wort.

Am 27. Oktober 1904 fieberte die ganze Stadt der Eröffnung der U-Bahn entgegen. Weil Parsons auch sogenannte Expreßgleise hatte verlegen lassen, die weitgehend parallel zu den normalen Gleisen verliefen und auf denen nur Züge fahren sollten, die an den wichtigsten Stationen halten würden, glaubte man fest an den Slogan »von City Hall bis Harlem in 15 Minuten« – per Hochbahn dauerte die Fahrt seinerzeit fast eine Stunde. Schon Tage vor den offiziellen Feierlichkeiten waren die New Yorker von der »Subway-Manie« ergriffen: Über die ganze Stadt verteilt gab es Partys, die Stadt war mit bunten Flaggen geschmückt. Bereits Stunden bevor der erste Zug durch den Tunnel rollte, versammelten sich die Menschen an den Stationen. Die Glocken der St. Patricks Cathedral läuteten, die Schiffe auf dem Atlantik ließen die Nebelhörner ertönen und im City Hall Park tummelten sich Tausende von Zuschauern, um der Eröffnungsfeier beizuwohnen. Zur ersten Fahrt waren nur einige Politiker und andere namhafte Persönlichkeiten geladen, anschließend aber sollte die Bahn für die New Yorker freigegeben werden.

Bei der Eröffnungszeremonie hielt August Belmont eine Rede und überreichte dem Bürgermeister George B. McClellan den silbernen Kontrollschlüssel. Eigentlich war die Geste nur symbolisch gemeint: McClellan sollte den Schlüssel an den Zugführer weitergeben. Doch zu aller Entsetzen nahm der Bürgermeister die Einladung ernst und setzte sich selbst auf den Platz des Zugführers. Mit rasantem Tempo, bei dem es seinen Passagieren gleich ganz anders wurde, fuhr McClellan von der City Hall bis zur 103. Straße. Dort gab er endlich den Steuerknüppel ab. Zwischen der 122. und 135. Straße verlief die Strecke über einen Viadukt und war oberirdisch zu bestaunen. Scharen von Zuschauern hatten sich auf den Dächern, Feuerleitern und Straßen versammelt und empfingen den ersten Zug, der aus dem Tunnel toste. Er verringerte das Tempo und pfiff, woraufhin die Sirenen von den umliegenden Fabriken und die Schiffe auf dem Hudson seinen Gruß erwiderten.

Mehr als 150000 New Yorker fuhren an diesem ersten Tag mit der U-Bahn. Der Andrang war so groß, daß die Polizei einschreiten und die Massen mit Gewalt zurückdrängen mußte. In Harlem wurden die Stationen regelrecht gestürmt, manch einer wurde auch handgreiflich, um sich Zugang zu einer der ersten U-Bahnen zu verschaffen. An den folgenden Tagen war die Situation kaum anders.

Die U-Bahn war auf einen Schlag die Attraktion schlechthin. Man zog seine schönsten Kleider an, ging in ein feines Restaurant und fuhr zur Krönung des Abends ein paar Stationen mit der U-Bahn. Weil die

Bauarbeiten für den U-Bahn-Tunnel der Steinway Commission zwischen Manhattan und Queens in den 1890er Jahren, die bald abgebrochen werden mußten.

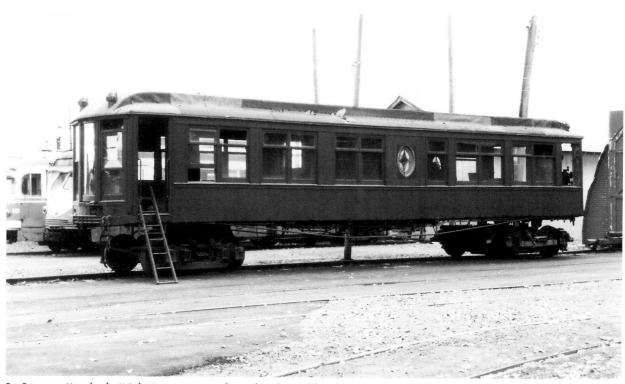
Der Privatzug »Mineola« des U-Bahn-Magnats August Belmont, der jederzeit abfahrbereit war. Er steht heute im Shore Trolley Museum.

meisten Menschen sechs Tage in der Woche arbeiten mußten, sparten sich viele ihr erstes U-Bahn-Erlebnis für den ersten Sonntag nach der offiziellen Eröffnung auf. An diesem Tag drängten sich sogar eine Million New Yorker vor den Eingängen. Wieder mußte die Polizei einschreiten und ließ sich auch von tränenüberströmten Gesichtern nicht erbarmen, weil die Kapazität nur bei 350 000 Passagieren pro Tag lag.

Noch kurz vor der Eröffnung hatten Skeptiker getönt, das unterirdische Projekt sei zum Scheitern verurteilt, weil »New Yorker nur einmal in den Untergrund gingen: und zwar nach ihrem Tod.« Diesen Unkenrufen zum Trotz war die populärste Tanznummer von einem Tag auf den anderen der »Subway Express Two-Step«, bei dem man das Rütteln und Rattern des Zugs imitierte. Die New Yorker waren davon begeistert, an einem Punkt der Stadt im Untergrund zu verschwinden, sozusagen unsichtbar zu werden, und irgendwo anders wieder auf die Straße zu treten.

Die Zeitung *Utica Saturday Globe* beschrieb New York als eine Stadt der »menschlichen Präriehunde«: »wie die kleinen unterirdischen Viecher des Westens« würden die New Yorker in ihre Löcher schlüpfen und irgendwo unvermutet wieder auftauchen. Das war keineswegs abfällig gemeint: Reiseführer priesen die U-Bahn als große Touristenattraktion an.

Die dunkle unterirdische Welt, in der man sich ganz den modernen Maschinen überlassen mußte, war einfach faszinierend. Sie übte eine so große Anziehungskraft aus, daß sie auch zu Fuß erforscht werden mußte – mit tödlichen Folgen. Bislang kannte man nur langsame Straßenbahnen, denen man leicht aus dem Weg gehen konnte. Vor den Straßenbahnen aus dem Weg zu springen, »dodging« genannt, war ein so populärer Sport, daß das Brooklyner Baseball-Team sich den Namen »Dodgers« gab. Aber der IRT-Zug fuhr 65 Stundenkilometer. Das erste Opfer war Leidschmudel Dreispul, der eine Woche nach der IRT-Eröffnung im Tunnel unter der 137. Straße einen Spaziergang auf den Gleisen unternahm und nach nur wenigen Metern von einem Zug erfaßt wurde. Ähnliches passierte nun leider so oft, daß die IRT-Gesellschaft Schilder aushängen mußte, die das Betreten der Gleise untersagten.

Noch vor der Eröffnung der ersten U-Bahn-Linie und ohne den umwerfenden Erfolg auch nur ahnen zu können, plante Belmont den Bau einer zweiten Linie. Bereits kurz nachdem er 1902 die IRT gegründet hatte, wurde der zweite Vertrag, der »Contract Two«, mit der Stadt unterschrieben. Belmont wollte nun auch Brooklyn erschließen, ein Projekt, das er 1905 in Angriff nahm. Der Bau des Wassertunnels durch den Harlem River für die erste U-Bahn-Linie war mit dem nun anstehenden Tunnelbau unter dem East River nicht zu vergleichen. Dabei ereignete sich einer der wohl ungewöhnlichsten Zwischenfälle in der Geschichte des New Yorker Untergrunds.

Der Tunnel wurde 1905 unter dem Flußbett zwischen Battery Park in Süd-Manhattan und Brooklyn per Schildvortrieb gebohrt. Beim Ausbau des Tunnels hinter dem Schild hielt man das Wasser durch den erhöhten Luftdruck fern. In der Mitte des East River kam es zu einem Riß in der Tunneldecke. Einer der Arbeiter, Dick Creedon, griff sofort nach einem Sandsack und versuchte so, das Loch zu stopfen. Doch die Öffnung wurde immer größer. Und: Das Wasser brach nicht in den Tunnel ein, sondern die unter Druck stehende Luft strömte aufwärts. Creedon geriet in diesen Sog, wurde durch das Loch aus dem Tunnel gesaugt und durch eine fast zehn Meter tiefe Schicht des Flußbetts katapultiert. Durch Sand, Schlamm und Gestein trieb er mit solcher Wucht nach oben, daß er an der Wasseroberfläche auftauchte, bevor ihm die Luft ausging. Er ließ sich im East River treiben, bis ein Schiff ihn an Bord nahm.

Um die Tunnelröhre vor Wassereinbruch zu schützen, teerte man die Wände. Das erwies sich aber als großer Fehler. Der Schacht war durch die Teerschicht so abgedichtet, daß die Luft nicht mehr zirkulieren konnte und es in den Zügen vor allem im Sommer un-

Die »Mineola« war nicht nur mit Mahagoni getäfelt, sondern auch mit einer kleinen Küche ausgestattet.

erträglich heiß wurde. Zwar waren die New Yorker nach wie vor von der U-Bahn begeistert, aber die Fahrt zwischen Manhattan und Brooklyn war ihnen nicht geheuer. Die Kampagne, mit der die IRT dafür warb, daß die Luft im Untergrund genauso rein sei wie die Luft auf der Straße, überzeugte nicht jeden. Erst nachdem die Gesellschaft zusätzliche Belüftungsschächte gebaut hatte, stieg das Vertrauen in die Strecke unter dem East River.

August Belmont, der jeden erdenklichen Luxus liebte, leistete sich einen eigens entworfenen Salonwagen, die »Mineola«, der einzige Privatzug in der Geschichte der New Yorker U-Bahn. »Minnie was a lady«, erzählt man sich noch heute. Sie war ein Prachtstück: getäfelt mit Mahagoni und ausgestattet mit einer kleinen Küche, in der bester Champagner und feinste Delikatessen jederzeit bereitstanden. Wenn der stolze Besitzer des berühmten Hengstes »Man-o-War« beispielsweise die Lust verspürte, vom Belmont Hotel an der Park Avenue, Ecke 42. Straße aus die Pferderennbahn in Long Island zu besuchen, ließ er die »Mineola« aus einer unterirdischen Garage auf die Gleise der IRT-Linie rangieren und sich an sein Ziel bringen. Die »Mineola« blieb erhalten und ist heute im Shore Line Trolley Museum in Connecticut zu bewundern.

Konkurrenz im Untergrund

Schon bald waren die Strecken der IRT hoffnungslos überlastet. Die Züge mußten bereits 1905 mehr Passagiere befördern als die Bahnen aller anderen Städte. Im Vergleich zur Londoner U-Bahn beispielsweise kamen auf jeden Kilometer doppelt so viele Fahrgäste. Zur Rush-hour drängelte und rempelte man ohne Rücksicht.

Angesichts der täglichen Überlastung und der steigenden Einwohnerzahl auch im ersten Jahrzehnt des 20. Jahrhunderts wurde der Bau einer weiteren Strecke in Erwägung gezogen. Belmont lehnte das jedoch ab. Ein halbvoller Zug war für ihn herausgeworfenes Geld. Den wiederholten Offerten der konkurrierenden Rapid Transit Commission (RTC), das Streckennetz auszubauen, begegnete er schließlich durch eine feindliche Übernahme: Belmont kaufte kurzerhand die Straßenbahngesellschaft Metropolitan Street Railway. Mit diesem Schritt schlug er die RTC aus dem Rennen und sicherte sich seine Monopolstellung. Eher widerwillig bezeichnete man Belmont nun als den »Transportkönig«.

Erst als sich Belmont 1911 mit der Brooklyn Rapid

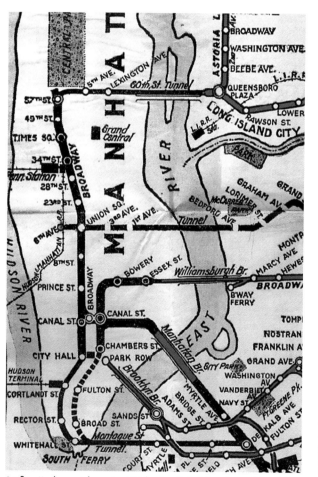
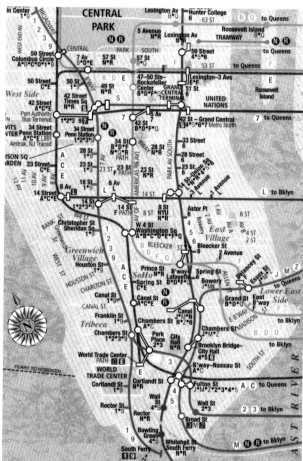

Größter Konkurrent der ersten U-Bahn-Gesellschaft Interborough Rapid Transit Company (IRT) war die 1911 gegründete Brooklyn Rapid Transit Company (BRT), ab 1923 als Brooklyn–Manhattan Transit Corporation (BMT) weitergeführt. U-Bahn-Plan der BMT von 1923 (links) und das Streckennetz heute (rechts).

Transit Company (BRT) einem neuen Konkurrenten gegenüber sah, mußte er sich bald geschlagen geben. Die BRT kontrollierte die Hoch- und Straßenbahnen in Brooklyn, verfügte aber über keine Verbindungen nach Manhattan und stellte daher Pläne für ein zweites U-Bahnnetz auf. Da diesmal auch die Stadtverwaltung die Chance witterte, Belmonts Monopol brechen zu können, unterstützte sie die BRT. Im Juni 1911 wurden die Überlegungen für das »Dual System« erstmals bekanntgegeben. Ziel war es, das bisherige U-Bahn-Netz mehr als zu verdoppeln.

Das Streckennetz nahm nun gigantische Ausmaße an: 1920 umfaßte es 325 Kilometer, während London nur über 252 und Paris sogar nur über 95 Kilometer unterirdische Gleisanlagen verfügten. Einmalig war zudem, daß sich zwei Gesellschaften Konkurrenz machten. Das belebte das Geschäft, doch nicht immer zum Vorteil der Kunden, wenn zum Beispiel zwei Linien parallel verliefen, man aber nicht umsteigen konnte.

Dennoch waren die Vorteile nicht von der Hand zu weisen. Die beiden U-Bahn-Systeme vereinten New York von der Bronx bis nach Brooklyn und beschleunigten das rapide Wachstum der Stadt. Immer mehr Wolkenkratzer wuchsen gen Himmel, die jetzt dank der U-Bahn-Anbindung auch für die New Yorker, die in den Randbezirken wohnten, erreichbar waren.

Der nächste große Schritt erfolgte durch John F. Hylan. Der 1868 geborene Hylan zog als 19jähriger mit nur dreieinhalb Dollar in der Tasche von den Catskills nach Brooklyn und verdingte sich dort zunächst als Gleisleger. Er arbeitete sich schnell zum Lokomotivführer hoch, sparte Geld für ein Jura-Studium und wurde 1917 nach einer juristischen Karriere und mit Unterstützung des Verlegers William Randolph Hearst zum Bürgermeister von New York gewählt. Hylan zeigte sich vor allem über die mächtigen Konglomerate von IRT und BRT empört, die er als publikumsfeindliche Organisationen bezeichnete, die nur aufs Geldverdienen aus seien.

Hylan war es denn auch, der dem bis heute schlimmsten Unglück in der Geschichte der New Yor-

Die Park Row Station in Manhattan. Hier startete 1918 ein Unglückszug.

ker U-Bahn beiwohnen mußte. Dieses ereignete sich am 1. November 1918, nachdem die Zugführer der BRT in einen Streik getreten waren. Die Route der Brighton Line von Coney Island nach Park Row in Manhattan wurde während des Ausstands von BRT-Angestellten betrieben, die nicht als Zugführer qualifiziert waren. Der 29jährige Anthony Luciano (auch Anthony Lewis genannt) übernahm an diesem Abend die Brighton Line. Er war eigentlich gelernter Fahrzeugabfertiger und hatte nur wenig Erfahrung als Zugführer. Zudem kannte er die Strecke nicht. Trotzdem setzte er sich ans Steuer des völlig überfüllten Zuges. Er wußte nicht, daß er an der Stelle, wo sich Brighton Line und Fulton Street-Hochbahn kreuzten,

Die Einfahrt in den Malbone Tunnel in Brooklyn, in dem sich im November 1918 das schwerste Unglück in der Geschichte der New Yorker U-Bahn ereignete.

abbiegen mußte. Da durch den Streik nicht nur der gesamte Fahrplan, sondern auch die Signale durcheinander geraten waren, fuhr er geradeaus.

Luciano, möglicherweise durch Fahrgäste auf seinen Fehler aufmerksam gemacht, setzte den Zug zurück, wechselte das Gleis und bog auf die richtige Strecke. Um die Verspätung wenigstens etwas wettzumachen, raste er mit überhöhter Geschwindigkeit in Richtung Prospect Park. Dabei verpaßte er die Consumers Park Station. Ob die Bremsen wirklich versagt hatten, wie er später vor Gericht behauptete, konnte nicht abschließend geklärt werden. Zeugen sagten jedenfalls aus, daß der Zug eine Geschwindigkeit von mindestens 50 Stundenkilometern hatte, als er in den Tunnel unter der Malbone Street einfuhr. Weil dort gerade eine neue Linie gebaut wurde, bogen die Gleise scharf nach rechts, dann wieder nach links ab, bevor man die Prospect Park Station erreichte. Die vorgeschriebene Geschwindigkeit in dem Tunnel war deshalb auf zehn Stundenkilometer herabgesetzt worden. Der Zug raste durch die Kurve und entgleiste.

Die Folgen waren verheerend. Die Waggons waren älteren Datums und daher noch aus Holz gefertigt. Der vordere Wagen krachte beim Entgleisen gegen die Pfeiler des Tunnels. Die nächsten beiden Wagen schlugen seitlich in den vorderen ein, wobei die Holzwände und viele Passagiere von den Pfeilern zerschnitten wurden. Die Überlebenden in den letzten beiden Wagen versuchten, in dem pechschwarzen Tunnel Hilfe zu leisten. Obwohl der Lärm des Unfalls fast zwei Kilometer weit zu hören war, dauerte es eine dreiviertel Stunde, bis sich die Retter zu dem Wrack vorarbeiten konnten. Die Schaulustigen waren entsetzt, als der erste Überlebende zum Vorschein kam. Blutüberströmt trug er nur noch sein Hemd und einen Schuh. Weil der Tunnel sehr eng war und sich der Zug zu einem einzigen Trümmerhaufen zusammengeschoben hatte, konnten die Opfer nur mit größter Mühe geborgen werden. Die *New York Times* führte am nächsten Tag mit klinischer Präzision auf, welchen Verletzungen die Passagiere erlegen waren.

Kaum jemand in den ersten drei Wagen überlebte das Unglück. 97 Menschen starben, mehr als 100 waren verletzt. Luciano kam erstaunlicherweise mit dem Leben davon, war vermutlich unter Schock in eine Straßenbahn gestiegen und nach Hause gefahren – er konnte sich später nicht erinnern, wie er in seine Wohnung gekommen war. Er wurde noch in der selben Nacht verhaftet. Vor Gericht sagte er aus, daß er noch nie einen Zug der Brighton Line gefahren habe. Auf die Frage, warum er den Auftrag angenommen hatte, antwortete er: »Man muß schließlich seinen Unterhalt verdienen.« Genaues über den Unfallhergang konnte oder wollte er nicht mitteilen.

Die Verantwortung für das Unglück wurde den Beamten der BRT zugeschoben, die Luciano als Zugführer eingeteilt hatten. Die Gerichtsverhandlungen zo-

Der verunglückte Zug im Malbone Tunnel. 97 Menschen kamen ums Leben, mehr als 100 Passagiere wurden verletzt.

gen sich über Jahre hin und endeten schließlich mit einem Freispruch für Luciano. Nach dem Prozeß war die Brooklyn Rapid Transit Company bankrott. 1923 wurde das Unternehmen als Brooklyn–Manhattan Transit Corporation (BMT) weitergeführt.

Heute trägt nur noch ein kurzes Stück der Malbone Street ihren ursprünglichen Namen. Weil die New Yorker mit der Straße immer das schwere Unglück in Verbindung brachten, wurde sie in Empire Boulevard umbenannt. Der Tunnel ist heute Teil der Linie S. Der Unfallort liegt zwischen den Stationen Prospect Park und Botanic Garden. Ein Denkmal, das an die Opfer erinnert, gibt es dort allerdings nicht.

Als IRT und BRT 1918 die Fahrkartenpreise von fünf auf zehn Cents erhöhen wollten, um ihren bevorstehenden Bankrott in letzter Minute noch abwenden zu können, sprach sich Bürgermeister Hylan gegen diesen Schritt aus. Sein publikumswirksamer Protest sicherte ihm 1921 einen zweiten Wahlsieg. Außerdem wollte er die Kontrolle des U-Bahn-Systems der Transit Commission, der staatlichen Aufsichtsbehörde, entreißen. Im Zuge dieser Auseinandersetzung wurde 1924 eine dritte U-Bahn-Gesellschaft gegründet, das Independent Subway System, kurz IND genannt.

Das IND machte es sich zur Aufgabe, die noch nicht stillgelegten Hochbahnen unter die Erde zu verlegen und die älteren Stadtteile verkehrstechnisch besser zu erschließen. So sollte unter der Sixth Avenue eine U-Bahn entstehen. Die wohl folgenreichste Entscheidung des IND war, keine außerhalb der Stadtgrenzen liegenden Gegenden an das Streckennetz anzubinden. Diese überließ man einfach dem Autoverkehr. Der erste Spatenstich für die letzten großen U-Bahn-Linien New Yorks – unter der Eighth und Sixth Avenue in Harlem – erfolgte 1925.

Fiorello LaGuardia, von 1934 bis 1945 Bürgermeister von New York, setzte sich das Ziel, die verschiedenen miteinander konkurrierenden U-Bahn-Netze zusammenzuführen und die Kontrolle endgültig den privaten Unternehmen zu entreißen. Am 31. Mai 1940 rollte der letzte BMT-Zug feierlich in die Times Square Station.

Wenige Tage später übernahm die Stadt auch die IRT. Die Vereinigung der bislang privaten Gesellschaften war ein sehr gewaltiges Unterfangen: Inzwischen gab es 1223 Kilometer Gleise und fast 35000 Angestellte. Das neu gegründete Unternehmen, das New York City Transit System, gehört bis heute zur Metropolitan Transit Authority (MTA). Sie ist für 26 U-Bahn-Linien und 490 U-Bahn-Stationen verantwortlich und verzeichnet mehr als sieben Millionen Passagiere täglich.

Am New Yorker U-Bahn-System wird auch heute noch munter weitergebaut. Stets müssen Strecken erneuert und dafür einzelne Linien durch ältere Tunnelteile umgeleitet werden. Allein im Jahr 2001 wurden fast zehn Streckenführungen geändert und die neuen Linien V und W in Betrieb genommen.

Für Chaos sorgt mitunter die inzwischen sehr starke Vernetzung der Gleise untereinander, die es den Zügen im Notfall erlaubt, auf andere Strecken auszuweichen. Die für den täglichen U-Bahn-Betrieb Verantwortlichen verlieren in solch einer Situation schon einmal den Überblick, welche Linie über welche Gleise verkehrt – so etwa im Juni 2002, als der Ausfall der Signale an der westlichen Canal Street Station zu stundenlangen Verzögerungen im gesamten U-Bahn-Netz führte.

Tunnelruinen

Noch vor wenigen Jahren waren die unvollendeten Tunnel ein bevorzugter Aufenthaltsort der »Mole People«, der sogenannten Maulwurfmenschen. Inzwischen sind die Tunnel (wenn auch nur vorübergehend) versiegelt und warten darauf, weiter gebaut zu werden. Insgesamt gibt es vier schon ausgehobene Tunnelsegmente einer seit langem geplanten U-Bahn-Linie unter der Second Avenue.

Bereits 1927 lagen erste Pläne für deren Ausbau vor. Da die Strecke unter der Lexington Avenue überlastet war, wollte man eine zusätzliche Linie von der Lower East Side bis nach Harlem legen. 1929 veranschlagte man die Kosten auf mehr als 86 Millionen Dollar; ein Jahr später mußte man diesen Betrag auf fast 93 Millionen Dollar korrigieren.

Die weltweite Wirtschaftskrise zu Beginn der 1930er Jahre machte alle Finanzierungspläne endgültig hinfällig, und die ursprünglich für Ende der 30er Jahre geplante Eröffnung der Strecke mußte auf das Jahr 1948 verschoben werden. Die 1944 wiederaufgenommenen Planungen sahen eine Verbindung mit der Manhattan Bridge und der Williamsburg Bridge sowie einen Tunnel unter dem Central Park vor, doch das Projekt wurde aus finanziellen und politischen Gründen erneut verschleppt.

Inzwischen ächzte die Lexington-Avenue-Linie unter der wachsenden Last der Passagiere, da auf der Eastside New Yorks immer mehr Bürogebäude und vielstöckige Wohnhäuser entstanden waren. Erst 1967 stellte man das Geld für den Bau der Second-Avenue-Linie bereit. Die Route sollte nun von der Water Street an der Südspitze Manhattans bis zur Bronx verlaufen. Anbinden wollte man auch den Central Park sowie bereits bestehende Linien in Midtown. Im Interesse möglichst kurzer Fahrzeiten sollten die Stationen weiter auseinander liegen als sonst üblich.

Nach langem Hin und Her erfolgte am 27. Oktober 1972 der erste offizielle Spatenstich an der Second Avenue, Ecke 103. Straße. Aber nur die in den frühen Planungen genannten Segmente wurden realisiert, be-

Hinter dieser Tür unter der Canal Street in Downtown befindet sich einer der zahlreichen ehemaligen Wartungsräume, die für die U-Bahn-Tunnel typisch sind. Zeitweilig werden sie von Obdachlosen bewohnt.

U-Bahn-Trasse unter dem Stadtteil Chinatown, Manhattan, die nicht mehr genutzt wird.

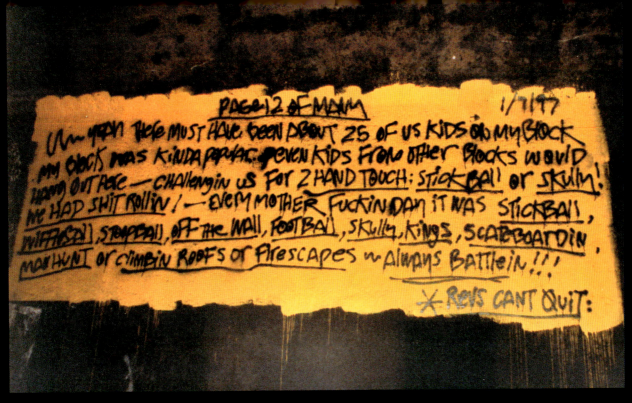

Bahnsteig der City Hall Station in Manhattan, die seit 1945 nicht mehr in Betrieb ist.

Teil des Tunnels, den William McAdoo Anfang des 20. Jahrhunderts zwischen Manhattan und New Jersey unter dem Hudson River bauen ließ. An den Mauern stießen die Arbeiter der beiden Tunnelhälften aufeinander.

Stillgelegtes Gleis in der
Grand Central Station.

In Tunneln, durch die keine Züge mehr fahren, kann man des öfteren auf solche Schilder stoßen. Ursprünglich war darauf zu lesen: »Warning – look out for trains«.

Außenansicht der Grand Central Station an der 42. Straße (oben) und Innenansicht der Haupthalle nach der Restaurierung in den 1980er Jahren (rechts). Von diesem Bahnhof aus verkehren nur Regionalzüge.

Eingangsbereich der neuen Pennsylvania Station an der Eighth Avenue, dem eigentlichen Fernbahnhof.

Halle vor der berühmten »Oyster Bar« in der Grand Central Station.

Ein stillgelegtes U-Bahn-Gleis unter Chinatown. In den Tunnel-Ruinen unter Manhattan stößt man überall auf Sprüche und Zeichnungen.

vor das Projekt wie schon so oft an einem mangelnden Budget scheiterte. Zwischenzeitlich hatte das Interesse an dieser Linie ohnehin nachgelassen: die mit Graffiti besprühten Züge hatten ständig Verspätung, waren dreckig und zum Symbol für die Verwahrlosung New Yorks geworden. Erst in den späten 90er Jahren, besonders während der Wahl um das Bürgermeisteramt 2001, rückte das Projekt wieder in den Blickpunkt und soll demnächst weitergeführt werden.

Immerhin profitierte wenigstens ein kleiner Teil der Bevölkerung von den begonnenen Bauarbeiten. Das Segment unter der Manhattan Bridge frequentierten vor allem Obdachlose und Drogensüchtige, die ohnehin auf dem Brückengelände ihre Camps aufgeschlagen hatten.

Überhaupt gibt es bis heute rund um die Manhattan Bridge dank ständiger Bauarbeiten viele stillgelegte Gleise. Zwischen Chinatown und der Brücke liegt ein Labyrinth hell erleuchteter enger Gänge und Wartungskammern, von denen nur wenige in Betrieb sind. Ohne einen genauen Plan verliert man dort die Orientierung. Über den teilweise ungenutzten Gleisen stößt man auf viele Graffiti, zum Beispiel von dem in der Szene bekannten Künstler namens Revs, der auf großen, umrandeten Flächen Auszüge seines Tagebuchs an die Wände geschrieben hat. Hier befindet sich auch mein persönlicher Lieblingsspruch: »Help, I'm Standing And I Can't Fall Down.«

Über weite Strecken ist es dort unten ganz still. Am Zustand der Schienen kann man oft erkennen, ob die Strecke noch genutzt wird oder nicht. Wenn das Metall leicht glänzt und die Graffiti seltener sind,

Obwohl außer Betrieb, ist diese Trasse unter Downtown aus Sicherheitsgründen hell beleuchtet.

befindet man sich wahrscheinlich in einem Tunnel, durch den noch U-Bahnen rasen oder in dem gelegentlich Züge abgestellt werden. Um sich zwischen mehreren Gleisstrecken bewegen und, wenn es sein muß, einem Zug aus dem Weg springen zu können, gibt es in regelmäßigen Abständen Nischen in der Wand. Nur dort, wo rot-weiß gestreifte Schilder hängen, gibt es »no clearance«, also keine Ausweichmöglichkeit.

Hin und wieder passiert man Türen, die normalerweise offenstehen und in kleine Räume führen. Sollten sie geschlossen sein und öffnet man sie selbst, könnte man einen Obdachlosen überraschen, der sich dort sein Zuhause eingerichtet hat. Wenn der unerwünschte Gast, wie ich es aus eigener Erfahrung kenne, respektvoll ist und seines Weges geht, dann hat er nichts zu befürchten. Vorsichtig in die kleinen »Wohnungen« zu spähen, ist hochinteressant: hier flimmert ein Fernseher und verteilt sein spukig blaues Licht, dort, tief unter der Straße, hat sich jemand mit einer Kaffeemaschine eingerichtet. Den Strom kann man in den Tunneln leicht anzapfen. Aber wo kommt das Kaffeewasser her?

Ratten gibt es auf den Gleisen wenige. Sie halten sich eher da auf, wo Menschen achtlos ihren Abfall hinterlassen haben. Überrascht war ich, als ich einer Katze begegnete. Sie huschte gleich wieder davon – vielleicht das Haustier eines Maulwurfmenschen, das aus dem Keller eines darüberliegenden Restaurants in Chinatown kam und gerade einen Erkundungstrip unternahm.

Geisterstationen

An dem größten U-Bahn-System der Welt werden täglich Erneuerungen geplant und Reparaturen ausgeführt – die Arbeit ist nie zu Ende. Wenn man keinen detaillierten Streckenplan griffbereit hat, kann sich die Suche nach einer Geisterstation in eine wahre Schatzsuche verwandeln. Vor allem in Manhattan, wo man sich seit rund einem Jahrhundert unterirdisch fortbewegt, gibt es nur wenige Ecken, die nicht täglich benutzt werden. Der Platz im Untergrund ist zu kostbar: man kann es sich eigentlich kaum erlauben, dort eine ganze Station verkommen zu lassen.

Aufgrund der vielen Obdachlosen in den 1980er und 90er Jahren nahm die Zahl der Geisterstationen in New York zumindest einigen Berichten nach mythische Dimensionen an. In ihrem Buch »The Mole People« schreibt Jennifer Toth zum Beispiel, daß der alte Wartesaal von Alfred Beach samt Klavier und Kronleuchter von Obdachlosen bewohnt wurde, was natürlich nicht stimmen kann. Der Saal – selbst wenn er noch existiert – ist schon lange nicht mehr betretbar, schon gar nicht in seinem ursprünglichen Zustand. Die New Yorker, die sich etwas mit dem Untergrund auskennen, haben die geographischen Beschreibungen von Jennifer Toth schon so oft widerlegt, daß dies hier nicht wiederholt werden soll. Sie ist auch nicht die einzige, die den Mythos der unzähligen verlassenen Stationen immer wieder aufwärmt.

Tatsache ist, daß im gesamten U-Bahn-Netz in Manhattan nur vier Bahnhöfe komplett stilliegen. Abgesehen von den Stationen, die durch die Zerstörung des World Trade Center zertrümmert sind und demnächst wiedereröffnet werden sollen, gibt es noch ein paar weitere Haltestellen, die nur teilweise außer Betrieb sind. Daß überhaupt vier Stationen in ihrer Gesamtheit unbenutzt unter Manhattan ruhen, ist angesichts des Platzbedarfs an sich schon erstaunlich.

Sie gehörten zur ersten Linie der IRT. Die Bahnsteige waren rund 150 Meter lang und für Züge mit fünf Waggons ausgelegt. Falls ein Zug länger ausfiel, hielt er etwas weiter vorne, so daß die Passagiere in der Mitte aussteigen konnten. Weil man angesichts der großen Nachfrage immer längere Züge zusammenstellen mußte, kam man nicht umhin, auch die Stationen zu verlängern. In der Regel war das unproblematisch. 1956 veranlaßte die New York City Transit Authority schließlich einen entsprechenden Ausbau

Durch die seit 1959 nicht mehr genutzte Station nahe der 91. Straße fahren die Züge der Linie 1 und 9 noch heute.

aller alten IRT-Bahnsteige, damit die Passagiere selbst in einem zehn Wagen langen Zug bequem ein- und aussteigen konnten.

Bei den vier heute ungenutzte Stationen ließ sich der Umbau nicht realisieren. Es machte keinen Sinn, die Bahnsteige der Worth Street Station nochmals zu verlängern. Die Station zwischen Brooklyn Bridge und Canal Street mußte stillgelegt werden, da sie schon nach der ersten Vergrößerung zu weit an die Brooklyn Bridge reichte. Einige Überreste kann man noch erkennen, wenn man auf der Linie 6 nahe der Brooklyn Bridge Ausschau hält.

Die ursprünglichen Bahnsteige der Station an der 18. Straße sind ebenfalls von der Linie 6 aus zu sehen, und zwar auf der Fahrt von der Union Square zur 23. Straße. Auch dort lohnte es sich nicht, zwischen den Bahnhöfen der 14. und 23. Straße in einen Ausbau zu investieren. Diese seit 1948 ungenutzte Station ist wieder ins Gerede gekommen, seit zwei Unternehmer einen Antrag gestellt haben, dort eine unterirdische Bar eröffnen zu dürfen. Daß sie für dieses Projekt eine Genehmigung erhalten, ist bei den strengen Sicherheitsmaßnahmen der MTA eher unwahrscheinlich. Auch die Station an der 91. Straße wurde nicht verlängert und 1959 schließlich stillgelegt. Sie ist inzwischen besonders stark mit Graffiti besprüht, und das, obwohl man sie nur über Gleise erreicht, auf denen noch regelmäßig Züge fahren.

Soviel zu den drei »normalen« Geisterstationen in Manhattan. Bleibt noch das Kronjuwel des IRT-Systems. Fragt man heute einen der New Yorker, die sich für den Untergrund begeistern, welchen Ort sie am liebsten besuchen würden, erhält man zumeist dieselbe Antwort: die City Hall Station. Dieser historisch einmalige Bahnhof wird seit 1945 nicht mehr benutzt. Besichtigen darf man ihn leider seit Jahren nicht mehr, denn schon vor den Anschlägen vom 11. September 2001 galt er als besonders gefährdete Zone. Die Gleise und Bahnsteige liegen direkt unter dem Eingang des Rathauses.

Auch diese Station, ein Kopfbahnhof, fiel der Länge der Züge zum Opfer. Weil sie sich in einer Schleife befindet, konnten die Bahnsteige nicht verlängert werden. Außerdem bevorzugten die New Yorker zunehmend den Bahnhof der Brooklyn Bridge, der etwas östlicher liegt. Aber noch heute kehren unter der City Hall die Züge der Linie 6 um, die an der Brooklyn Bridge Station enden. Wenn man das Glück hat, einen freundlichen Schaffner zu treffen, der einen an der Endstation nicht hinauswirft, kann man die inzwischen unbeleuchtete City Hall Station noch bewundern.

Nach wie vor ist die City Hall Station der mit Abstand eleganteste Bahnhof New Yorks und steht inzwischen unter Denkmalschutz. Über den Gleisen befinden sich die wunderbar gefliesten Gewölbe des Architekten Rafael Guastavino, der auch die Decke des berühmten Restaurants »Oyster Bar« im Grand Central entwarf. Durch drei große Bleiglasfenster in der selbsttragenden Decke flutete einst Tageslicht. Fliesen aus farbigem Glas und elegante Kronleuchter trugen zu der einmaligen Atmosphäre bei. Der Bahnhof war der ganze Stolz der Interborough Rapid Transit Company.

Von außen läßt nichts mehr auf die City Hall Station schließen. Die Glasfenster, die während des Zweiten Weltkriegs abgedunkelt wurden, waren ursprünglich von der Straße aus zu sehen. Inzwischen liegen sie unter dem City Hall Park vergraben. In den 1990er Jahren beschloß man, in der City Hall Station einen Teil des New York Transit Museums unterzubringen. Kurzzeitig wurden auch Führungen organisiert. Aus Sicherheitsgründen hat man dieses Angebot jedoch gestrichen.

Der einstige Glanz der Station ist inzwischen verblaßt. Die Ausgänge zur Straße hat man vermauert, damit sich auf den Bahnsteigen keine Obdachlosen einquartieren. Dennoch stößt man dort auf allerlei Müll, vermutlich von den durchfahrenden Zügen an diesen stillen Ort geweht.

1948 stillgelegte unterirdische Station für Straßenbahnen am Fuß der Williamsburg Bridge von Manhattan nach Brooklyn.

Zwei weitere Bahnhöfe, die stillgelegt wurden, findet der Besucher in Brooklyn: die Myrtle Avenue und die Court Street Station. In letzterer hat sich das New York Transit Museum eingemietet. Auf den Bahnsteigen dokumentiert das unterirdische Museum die Geschichte der New Yorker U-Bahn. Ebenso außer Betrieb ist ein alter Bahnsteig an der Hoyt-Schermerhorn Station in Brooklyn, wo ab und zu Filme gedreht werden. Ein anderer mit Graffiti besprühter Bahnsteig liegt unterhalb der Brooklyn Bridge Station in Manhattan. An der Bergen Street in Caroll Gardens, der Nevins Street und an der 42. Straße Station gibt es Unterführungen, die inzwischen nicht mehr betreten werden dürfen. In der Bowery Station ist die Stilllegung eines weiteren Bahnsteigs geplant. Man kann sich also noch verabschieden.

Auch eine stillgelegte Station für Straßenbahnen schlummert noch im Untergrund. Die Williamsburg Bridge wurde 1903 (nach der Brooklyn Bridge) eröffnet und mit mehreren Gleisen für Züge und Straßenbahnen versehen. Die Brücke entwickelte sich zu Beginn des 20. Jahrhunderts schnell zu einem wichtigen Verkehrsknotenpunkt zwischen Manhattan und Brooklyn. An der Kreuzung Essex/Delancey Street entstand eine Endstation mit acht Wendeschleifen, die 1904 eröffnet wurde. Als man den Straßenbahnbetrieb 1948 einstellte, hat man die meisten Schienen auf der Williamsburg Bridge entfernt und diese für den Autoverkehr erweitert. Heute rattern nur noch die U-Bahnen der Linien J, M und Z über die Brücke.

Der ursprüngliche Zustand der Station Essex/Delancey Street blieb erhalten. Die Reste der Kontrollhäuschen kann man vom Bahnsteig der Linien J, M und Z aus noch erkennen. Die Arbeiter, die zur Zeit die Williamsburg Bridge instand setzen, nutzen diese Station, um zur Brücke zu gelangen. Den verwahrlosten, mit Graffiti besprühten Bauten der Straßenbahnhaltestelle schenken sie dabei kaum Beachtung.

Kolossale Bauwerke unter der Erde

Der erste Zugtunnel unter dem Hudson River

Gegen Ende des 19. Jahrhunderts war die Pennsylvania Railroad (PRR) die größte und finanzkräftigste Zuggesellschaft in Amerika. Ihre Strecken verliefen fast durch das ganze Land. Eine direkte Anbindung New Yorks war jedoch nicht möglich, weil der Hudson River ein unüberwindbares Hindernis darstellte. So machten die Züge aus Washington, Chicago und Philadelphia an der Exchange Place Station in Jersey City halt. Die Passagiere wurden von dort per Fähre nach Manhattan übergesetzt. Eine Brücke über den Hudson River war an dieser Stelle nicht rentabel. Sie hätte gut doppelt so lang sein müssen wie die Brooklyn Bridge und nach ersten Berechnungen etwa 50 Millionen Dollar gekostet. Der Bau eines langen Tunnels kam auch nicht in Frage. Die Fahrgäste wären dem erstickenden Dampf der Lokomotiven zum Opfer gefallen.

Alexander Cassatt, Präsident der Pennsylvania Railroad, hielt dennoch an seiner Idee fest, sich Manhattan mit einer direkten Verbindung zu erschließen. Ihn wurmte vor allem, daß die Züge der New York Central Railroad, mit der sich die PRR in einem freundschaftlichen Konkurrenzkampf befand, über den Norden des Bundesstaates New York die Grand Central Station anfahren konnten. In dem Wettrennen beider Gesellschaften um die schnellste Route von Chicago nach New York unterlag die PRR nur deshalb, weil sie auf dem letzten Teil der Strecke auf die Fähren angewiesen war.

Gespannt verfolgte Cassatt die ersten Experimente der Baltimore & Ohio Railroad mit elektrisch betriebenen Zügen. Nachdem er 1900 der Eröffnung des ersten Bahnhofs für elektrische Züge in Paris, dem Gare d'Orsay, beigewohnt hatte, beschloß er, die Dampfmaschinen abzuschaffen und auch die PRR zu elektrifizieren. Am 12. Dezember 1901 verkündete Cassatt, daß die Pennsylvania Railroad unter dem Hudson River zwischen New Jersey und Manhattan zwei Tunnel und in Midtown, Manhattan, einen grandiosen Bahnhof bauen werde. Außerdem wollte er die Linie von Manhattan unter dem East River nach Long Island weiterführen.

Den Bau der beiden Tunnel nahm die PRR 1904 in Angriff. Unter dem Hudson kamen die Arbeiten mit dem Vortriebsschild gut voran. Bereits am 12. September 1905 konnten sie abgeschlossen werden. Gefeiert wurde aber erst, nachdem am 9. Oktober auch die Verbindung unter dem East River hergestellt war. Weil das Flußbett stellenweise sehr schlammig ausfiel, mußten die Tunnel durch schwere, in den Untergrund eingelassene Säulen gestützt werden. Diese Arbeiten erwiesen sich als so aufwendig, daß es noch mehr als ein Jahr dauerte, bis die ersten Züge endlich durch die Tunnel fahren konnten.

Obwohl die Arbeiten letztendlich relativ zügig vonstatten gingen, hatte man immer wieder mit größeren Problemen zu kämpfen, vor allem unter dem East River. Nach einem Unfall, der einen Arbeiter das Leben kostete, glaubte man, daß sich die Fertigstellung der einzelnen Tunnelabschnitte um Jahre verzögern würde. Angesichts des teilweise sehr sandigen Untergrunds, der gelegentlich zu Wassereinbrüchen führte, einigte man sich darauf, die beiden Segmente an einer Stelle aufeinandertreffen zu lassen, wo das Flußbett aus Stein bestand. Kurz bevor es so weit war, trieben die emsigen Arbeiter schon einmal ein paar dünne

Bau des ersten Zugtunnels unter dem Hudson River 1904. Bereits nach einem Jahr konnten die Arbeiten abgeschlossen werden.

Die Pennsylvania Station in Midtown. Sie wurde Ende November 1910 eröffnet. Zur Einweihungsfeier kamen rund 100 000 New Yorker, die den ersten einfahrenden Zug mit Begeisterung empfingen. 1963 hat man den Bahnhof abgerissen.

Stahlröhren durch das letzte trennende Stück, um sich verständigen zu können. Als sie bemerkten, daß der Luftdruck in den beiden Hälften unterschiedlich hoch war, schickten sie sich zum Spaß kleinere Objekte zu. So steckten die Arbeiter in dem Long Island Segment einen kleinen Spielzeugzug in eine der Stahlröhren, der dann in Richtung Manhattan gesaugt wurde. Das war der erste Zug, der auf dieser Strecke fahren durfte. Es folgte eine kleine Puppe, die erste »Lady« des Tunnels, die später den Chefingenieuren des Projekts als Souvenir geschenkt wurde.

In der Zwischenzeit hatte man in Midtown mit den Ausgrabungen für die Pennsylvania Station begonnen. Bei der Gestaltung des Bauwerks orientierte sich der Architekt Charles McKim an den Caracalla-Thermen in Rom. Der neue New Yorker Bahnhof sollte wie ein Palast wirken. Zum Vorbild nahm sich das von Cassatt beauftragte Architekturbüro schließlich auch den Crystal Palace, der in den 1850er Jahren neben dem Murray Hill Reservoir entstanden und schon nach wenigen Jahren durch ein Feuer vernichtet worden war.

Nun galt es, noch einen Tunnel quer durch Manhattan zu bauen. Auch diese Arbeiten verliefen relativ reibungslos, bis man auf dem letzten Abschnitt zwischen der Fifth und Seventh Avenue auf einen unterirdischen Wasserstrom stieß. Wieder einmal zeigte sich der New Yorker Boden von seiner unberechenbaren Seite. Statt durch Stein mußte man sich durch Wasser und Schwemmsand arbeiten. Den Ingenieuren blieb nichts anderes übrig, als auf die offene Tunnelbauweise zurückzugreifen. Weil die Straßen erst aufgerissen werden konnten, nachdem die zuständigen Ämter und die betroffenen Hausbesitzer ihre Zustimmung gegeben hatten, zog sich das ganze Projekt in die Länge.

Ende 1910 war es endlich so weit. Zur Eröffnung am 27. November strömten 100000 Menschen in die Pennsylvania Station, um der Einfahrt des ersten Zuges beizuwohnen. Das Gebäude war kolossal, allein die Haupthalle fiel so groß aus wie das Hauptschiff des Petersdoms in Rom. Die korinthischen Säulen reichten sechs Stockwerke hoch.

Während die Pennsylvania Station im Jahre 1936 rund 76 Millionen Passagiere verzeichnete, ging die Zahl der Fahrgäste nach dem Zweiten Weltkrieg bald rapide zurück. Zu den bevorzugten Verkehrsmitteln avancierten das Auto und, auf längeren Strecken, das Flugzeug. 1951 verbuchte die PRR Verluste von 72 Millionen Dollar. Da das Unternehmen die Instandhaltungskosten für den einst so prächtigen Bahnhof nicht mehr aufbringen konnte, verwahrloste er von Jahr zu Jahr. Die PRR sah sich schließlich gezwungen, auch die Grundstücke über dem Bahnhof zu verkaufen. Im Oktober 1963 hat man das Gebäude ganz abgerissen. Erst als der Bahnhof in Schutt und Asche lag, wurde den New Yorkern bewußt, was für ein Juwel sie verloren hatten.

Der neue Bahnhof, der unter dem Madison Square Garden entstand, hat den fragwürdigen Charme einer modernen U-Bahn-Station. An den einst überwältigenden Bau erinnert abgesehen von ein paar alten Kacheln oder einem Messinggeländer kaum noch etwas. Die Autorin Lorraine Diehl hat es sich zur Aufgabe gemacht, die öffentliche Erinnerung an den alten Bahnhof zu pflegen. Im Rahmen ihrer monatlichen Führungen verfolgt sie die noch sichtbaren Spuren.

Die unterirdischen Bereiche rund um die neue Pennsylvania Station wurden vor allem nach dem katastrophalen Feuer im Seilbahntunnel von Kaprun, Österreich, im November 2000 wegen mangelnder Sicherheitsvorkehrungen häufiger in der Presse er-

Haupthalle der alten Pennsylvania Station (oben). Vorbild für die gläserne Dachkonstruktion war der New Yorker Crystal Palace. Rechts die Vorhalle der Pennsylvania Station.

währt. Die Unterwassertunnel seien besonders gefährdet, hieß es immer wieder. Auch das Belüftungssystem soll nicht den inzwischen geltenden Vorschriften entsprechen. Einige Notausgänge bestehen aus alten, zehn Stockwerke hohen Wendeltreppen, die für mehr als eine Person pro Stufe zu schmal sind.

Keine Erwähnung fanden die engen, mit Sprossen ausgestatteten Belüftungsschächte, durch die man von der Straßenoberfläche in kleine Kammern neben den Gleisen hinabsteigen kann. Solch eine entdeckte ich in Queens. In einem verwilderten Gelände stieß ich auf einen offenen Schacht, der etwa drei Stockwerke tief in zwei winzige, gut isolierte Räume führte. Vom Inneren der Kammer aus konnte ich durch eine fenstergroße Öffnung auf die nahe liegenden Gleise blicken und vernahm aus der Ferne einen lateinamerikanischen Radiosender. Schräg gegenüber, auf der anderen Seite der Gleise, bemerkte ich wiederum eine Öffnung, die zu einem kleinen Raum führen mußte. Dort hatte vermutlich ein Obdachloser Zuflucht gesucht, der dem Radio lauschte. Daß auch »meine« Kammern mitunter bewohnt waren, erkannte ich an dem üblichen Müll: alte Chips-Tüten, Pornohefte und Spritzen. Kurz nach den Terroranschlägen vom 11. September 2001 wurden die Luken, durch die ich geklettert war, verschweißt.

Das Verkehrsprojekt von William McAdoo

Alexander Cassatt war nicht der erste, der sich unter dem Hudson River seinen Weg bahnte. Schon 1874 hatte ein Unternehmer namens De Witt Haskins mit den Bauarbeiten an einem Tunnel begonnen. Dieser sollte von der 15. Straße in Jersey City bis zur Morton Street in Süd-Manhattan führen. Nach jahrelangen Verzögerungen wurden die Arbeiten schließlich ganz abgebrochen, nachdem es am 21. Juli 1880 zu einem tragischen Unfall gekommen war. Wasser überflutete den Schacht bei New Jersey und riß 20 Arbeiter in den Tod. Die Baufirma der Hudson Tunnel Railroad Company ging wenig später bankrott.

Auch der Rechtsanwalt William McAdoo zeigte Interesse am Bau eines Tunnels unter dem Hudson River. Das Problem der qualmenden Dampflokomotiven wollte er durch einen elektrischen Bahnbetrieb lösen. Von Tennessee, wo er bei der elektrischen Knoxville Street Railroad mitgewirkt hatte, war er 1892 nach New York gezogen. Dort ging er eine geschäftliche Partnerschaft mit John Dos Passos, dem ehemaligen Chef der inzwischen aufgelösten Hudson Tunnel Railroad Company, ein. Als er von dem halbfertigen Tunnelsegment hörte, das sich als noch durchaus brauchbar erwies, schmiedete er große Pläne.

Als Präsident der bald darauf gegründeten Hudson & Manhattan Railroad Company (H&M) veranlaßte McAdoo die Weiterführung des von Haskins begonnenen Projekts. 1902 kamen die Bauarbeiten für den ersten der beiden geplanten Tunnel in Gang. Am 11. März 1904 war der Durchbruch geschafft.

Zur gleichen Zeit wurden die Stationen in Hoboken, New Jersey, und an der 33. Straße in Manhattan fertiggestellt. Sie waren mit eleganten Gewölben und neoklassizistischen Säulen ausgestattet. Zwei weitere Tunnelröhren entstanden in den nächsten Jahren. Sie verliefen vom Exchange Place in New Jersey zur Cortlandt Street im Süden Manhattans. Dort baute die H&M nicht nur den Hudson Terminal, sondern auch noch ein aus Doppeltürmen bestehendes, 22stöckiges Bürohaus.

Am Morgen vor der Eröffnung im Februar 1908 machte sich ein erster Zug von Manhattan nach Hoboken auf den Weg, »an Bord« eine Sonder-

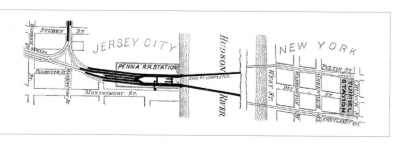

Querschnitt durch die 26 Meter in der Tiefe liegende Station der Pennsylvania Railroad (PRR) in Jersey City auf der anderen Seite des Hudson River (oben). Tunnelverbindung der PRR zwischen Jersey City und Manhattan (unten). Plan aus dem Jahr 1907.

Das Areal des Hudson Terminal im Süden Manhattans. Der Bahnhof selbst, der 1908 eröffnet wurde, befindet sich im Untergrund, überbaut von einem Bürokomplex aus 22stöckigen Doppeltürmen. Auf dem Gelände entstand in den 1960er Jahren das World Trade Center.

ausgabe des *Jersey City Journal*, die »Tunnel Edition«. McAdoo hatte sich höchstpersönlich nicht nur um den Bau der Tunnel und um die Entwürfe für die Stationen gekümmert, er investierte auch viel Zeit in die Werbung für seine Züge.

Die Eröffnung selbst war ein großes Spektakel. Als die geladenen Gäste die Station an der 19. Straße betraten, standen sie zunächst im Dunkeln. Das dürfte ein beklemmendes Gefühl gewesen sein und die Spannung erhöht haben. Als die Gesellschaft vollzählig war, telegraphierte ein Angestellter ins Weiße Haus, woraufhin Präsident Theodore Roosevelt von seinem Schreibtisch aus in Washington per Knopfdruck ein Signal an das Stromwerk in New Jersey schickte, das den Strom in der Station einschaltete. Jetzt endlich konnten die Gäste den prächtigen Bau McAdoos bestaunen. Vor allem von dem Gewölbe waren sie beeindruckt. Anschließend stand die offizielle Jungfernfahrt auf dem Programm. Auf halbem Wege unter dem Hudson – an der Grenze zwischen den beiden Bundesstaaten – legte der Zug einen kurzen Stopp ein, damit sich die Gouverneure von New Jersey und New York die Hände schütteln konnten. Die *New York Times* lobte den Tunnel als »eine der größten Errungenschaften der Ingenieurtechnik aller Zeiten«. Die Eröffnung des eleganten Hudson Terminal an der Cortlandt Street folgte am 19. Juli 1909.

Die H&M baute nun noch eine Strecke unter Man-

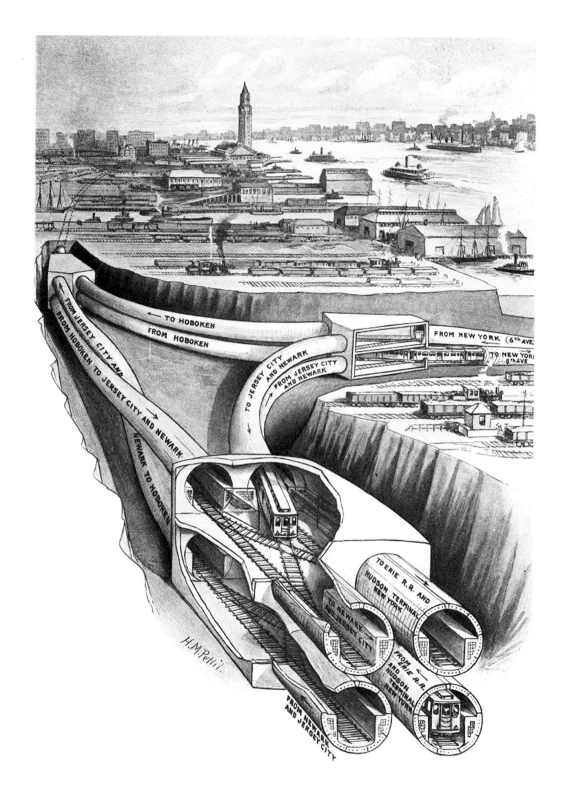

Einer der Bahnhöfe der H & M in Manhattan. Postkarte um 1920.

Zeichnung des Tunnelsystems der Hudson & Manhattan Railroad (H & M) in Jersey City.

hattan, die die beiden Tunnelpaare miteinander verband, und ging schließlich eine Partnerschaft mit der PRR ein. Nach dem Zweiten Weltkrieg geriet auch die H&M in finanzielle Schwierigkeiten. Zu Beginn der 60er Jahre übernahm die New Yorker Hafenbehörde Port Authority die fast bankrotte Gesellschaft und führte sie als Port Authority Trans-Hudson (PATH) weiter. Die Port Authority interessierte sich vor allem für das Hudson-Terminal-Gebäude an der Cortlandt Street. An seiner Stelle plante die Hafenbehörde ein besonders abenteuerliches Projekt: den Bau des World Trade Center.

Grand Central Station

Geheime Türen haben immer etwas Faszinierendes an sich: Man denkt gleich an Spionagefilme, Spukhäuser oder seltsam anmutende Szenen. Solche Türen an Orten vorzufinden, die an sich nichts Mysteriöses vermuten lassen, erhöht die Erwartung. So ging ich vor einigen Jahren mit großem Interesse dem Gerücht nach, zwischen dem Waldorf Astoria Hotel und einem versteckten Bahnsteig im Herzen der Grand Central Station gäbe es einen geheimen Tunnel.

Also unternahm ich mit zwei Begleitern einen nächtlichen Spaziergang im New Yorker Untergrund. Von einem Bahnsteig im unteren Bahnhofsbereich der Grand Central Station stiegen wir über die Schienen in Richtung Gleis 61, das zum Bahnsteig des Hotels führen sollte, aber stillgelegt und deshalb nirgends ausgeschildert war. Angeblich wurde die »Hotelverbindung« in den letzten Jahren nur vom US-Geheimdienst genutzt.

Als wir uns an den Schienen entlangschlichen, sprach uns plötzlich ein Arbeiter an und fragte, warum wir uns auf einem aktiven Gleis herumtrieben. Er kletterte zu uns und führte uns zu unserer eigenen Sicherheit in einen naheliegenden Wartungsraum. Unserer Neugierde brachte er durchaus Verständnis entgegen. Nach nur wenigen Minuten stellte sich heraus, daß dieser Mann, der seit 20 Jahren dort unten arbeitete, genau wie wir vom Gelände der Grand Central Station fasziniert war. Einen genauen Überblick über das un-

Das Grand Central Depot, das im Jahr 1871 eröffnet wurde. Es mußte Anfang des 20. Jahrhunderts der neuen Grand Central Station weichen.

Die Gleisanlagen zur neuen Grand Central Station wurden Anfang des 20. Jahrhunderts in den Untergrund verlegt (oben rechts). Aushubarbeiten für den Bahnhof um 1907 nördlich der 42. Straße (unten).

terirdische Netz hatte aber auch er nicht. Immerhin: Einige der stillgelegten Verbindungstunnel kannte er gut, andere noch nicht einmal vom Hörensagen. Die Passage, die zum Luxushotel führen sollte, war seiner Meinung nach schon lange zugemauert. Bevor wir uns verabschiedeten, fragten wir ihn nach dem größten Rätsel des Bahnhofs: Wie tief reichen die Stockwerke in den Untergrund?

Diese Frage, die eigentlich leicht zu beantworten scheint, ist seit Jahren Thema großer Debatten. In ihrem Buch »Tunnel-Menschen« spricht Jennifer Toth von sieben unterirdischen Geschossen. »Schwachsinn«, meint dazu Professor Joe Brennan von der Columbia University, »es sind nur zwei«. Ein ehemaliger Bahnhofsarbeiter sagte, es gäbe sechs, zwei für die Gleise, vier darunterliegende für den Strom und die allgemeine Versorgung. Pamela Jones wiederum geht in ihrem Band »Under the City Streets« von sieben Ebenen aus, von denen sich die tiefsten nur über einen kleinen Teil des Bahnhofsgeländes erstreckten und für Wartungszwecke genutzt würden. Und in dem Buch »Living at the Edge of the World«, in dem die einst Obdachlose Tina S. über ihren vierjährigen Aufenthalt in den Eingeweiden des Bahnhofs berichtet, ist von einem Labyrinth gruseliger Höhlen und Passagen weit unterhalb der am tiefsten liegenden Gleise die Rede.

»Wie viele Stockwerke hat dieser Bahnhof im Untergrund?« fragten wir also gespannt unseren neuen Freund. »Fünfzehn«, entgegnete er. Wir waren sprachlos. »Es gibt eine kleine Treppe, die fünfzehn Stockwerke hinabführt. Aber ich selbst war noch nie da unten.« Er sei schon auf alles mögliche gestoßen: auf riesige Ratten, Selbstmordopfer und von Zügen verstümmelte Leichen. »Aber ich würde niemals fünfzehn Stockwerke runtersteigen. Wer weiß, was da unten liegt?«

Tja, wer weiß? Vielleicht die Bahnhofsverwaltung, die seit dem 11. September allerdings keine Informationen mehr über die versteckteren Orte der Station preisgeben will. Dabei ist die Anzahl der Geschosse

Postkarte mit einem Querschnitt durch die Grand Central Station um 1913.

nur eines von vielen Geheimnissen dieses gigantischen, wundersamen Bahnhofs. Ob eine der Treppen tatsächlich so tief hinunterführt, ist eher fragwürdig. Erstaunlich ist, daß selbst Menschen, die sich täglich durch die Irrwege dieses Ortes bewegen, keinen rechten Überblick haben. So entwickelt jeder seine eigenen Theorien.

Die Grand Central Station ging gewissermaßen aus einem alten Depot hervor, das schon in den 1830er Jahren an der 42. Straße entstanden war und der New York and Harlem Railroad, der ersten Zuggesellschaft New Yorks, gehörte. Entlang der Fourth Avenue gab es einen Transportservice von der Südspitze Manhattans bis nach Harlem. Von der ersten Station an der Fourth Avenue, Ecke 26. Straße, wo P. T. Barnum 1870 den ursprünglichen Madison Square Park anlegte, ging es vorerst bis zur 90. Straße, wo der Carnegie Hill beginnt. Schließlich baute man einen kleinen Tunnel durch den Hügel und verlängerte die Route weiter gen Norden.

Um von Downtown aus das Depot an der 42. Straße erreichen zu können, mußten die Züge den Murray Hill überwinden. Zwischen der 34. und 39. Straße führte die Strecke durch einen offenen Einschnitt im Hügel. Nach der Überdachung 1850 teilten sich Pferdebusse und Dampfzüge den Tunnel, der später vom Straßenbahnverkehr übernommen wurde. Dort kann man heute noch die Reste einer Geisterstation sehen: Im Tunnel selbst finden sich Spuren alter Treppen, und wenn man auf dem kleinen Grünstreifen in der Straßenmitte der 38. Straße steht, kann man auch noch die Lukendeckel der nach unten führenden Eingänge entdecken. Dort gab es einen kleinen Bahnhof mit schmalen Bahnsteigen, der seit 1937 nicht mehr in Be-

Die neue Grand Central Station kurz nach der Eröffnung 1913. Die Bahnsteige befinden sich unterirdisch auf zwei Etagen.

trieb ist. Der Tunnel wurde Ende der 1930er Jahre für den Autoverkehr freigegeben.

Ab der 42. Straße verliefen die ursprünglichen Gleise unterhalb der Straßenebene wiederum durch einen langen Einschnitt, über den kleine Fußgängerbrücken führten. Links und rechts der Gleise siedelten sich Schlachthöfe und Brauereien an, deren Besitzer sich lautstark über die stinkenden Dampflokomotiven beschwerten, die deshalb ab 1859 südlich der 42. Straße nicht mehr fahren durften.

Also mußte für die aus dem Norden kommenden Züge an der 42. Straße ein Kopfbahnhof gebaut werden. In diese Planungen schaltete sich der Industriemagnat Cornelius Vanderbilt ein. Vanderbilt hatte durch den Schiffsverkehr ein Vermögen verdient, u.a. mit der Schnellverbindung New York–San Francisco über Nicaragua. Er glaubte aber, daß das Geschäft mit den Eisenbahnen finanziell attraktiver war. Er kaufte mehrere Bahngesellschaften, darunter 1864 die Hudson River Railroad und investierte wenig später in ein Grundstück zwischen der 42. und 48. Straße sowie der Lexington und Madison Avenue, auf dem er einen Bahnhof bauen wollte.

Über diese Pläne des »Commodore« Vanderbilt amüsierte man sich in der New Yorker High-Society. Wer würde je so weit Richtung Norden reisen, um in der Nähe von Schlachthöfen und Baracken in einen Zug zu steigen? Aller Skepsis zum Trotz vertraute Vanderbilt darauf, daß sein Unternehmen zum Erfolg führen würde. Das pompöse Grand Central Depot, das 1871 eröffnet wurde, war der größte Bahnhof der Welt und wurde zu einem beliebten Ausflugsziel nicht nur für Touristen. Der Betriebshof erstreckte sich über 20 Straßenblöcke.

Nach dem Tod des »Commodore« übernahm sein Sohn William Henry Vanderbilt die Geschäfte. Er galt als einer der reichsten Männer der Welt, was er gern herausstellte. Das Kronjuwel in seiner Schatztruhe war die New York Central. Allerdings verfügte er nicht über den unternehmerischen Geist seines Vaters. In den Händen der Vanderbilt-Erben verlor die Bahngesellschaft bald an Wert und Renommee.

Gegen Ende des 19. Jahrhunderts avancierte das Grand Central Depot zu einem der wichtigsten Verkehrsknotenpunkte New Yorks. Immer mehr Züge beförderten immer mehr Passagiere. Die Dampflokomotiven verpesteten die Gegend um den Bahnhof und entlang der Gleise derart, daß man sich etwas einfallen lassen mußte. Anlaß für die Entscheidung der Regierung 1903, nach 1908 keine Dampfzüge mehr nach Manhattan einfahren zu lassen, war ein schlimmer Unfall im Park Avenue Tunnel, bei dem ein Zug aus Connecticut in einen stehenden Zug raste. Der Tunnel war so verraucht, daß der Lokführer die Signale nicht mehr erkennen konnte. Innerhalb von nur fünf Jahren mußte die New York Central ihr Bahnunternehmen grundlegend umbauen, wollte sie im Geschäft bleiben.

Mit dieser Aufgabe wurde Ingenieur William Wilgus beauftragt. Er sollte die Elektrifizierung der Züge organisieren – ein gigantisches Unterfangen. Außerdem wollte man den Bahnhof nicht nur ausbauen, sondern die gesamten Gleise in den Untergrund verlegen. Doch wie ließ sich das alles realisieren?

Wilgus hatte eine geniale Idee: Der Ausbau des Bahnhofs sollte nicht auf horizontaler, sondern auf vertikaler Ebene erfolgen. Die Züge würden künftig auf zwei übereinanderliegenden Etagen in den Bahnhof einfahren; auf der unteren Ebene die regionalen, auf der oberen die Fernzüge. Damit die untere Etage nicht unter der Last der oberen zusammenbricht, wurde eine Brückenkonstruktion ins Auge gefaßt. Überdies plante Wilgus getrennte Bahnsteige für die ankommenden und die abfahrenden Züge, verbunden durch eine Wendeschleife.

Über dem künftig unterirdischen Bahnhof sollte ein Gebäudekomplex für Hotels, Banken und Geschäfte entstehen: die Terminal City. Mit den Mieteinnahmen wollte Wilgus sein Projekt finanzieren. Darüber hinaus plante er, auch unter das gegenüberliegende Postamt Gleise zu verlegen. So könnte man die Postsäcke per Aufzug direkt in das Briefverteilerzentrum befördern.

Die Bauarbeiten, die von 1903 bis 1912 dauerten, waren eine logistische Herausforderung. Mehr als 2,5 Millionen Kubikmeter Erdreich mußten dabei ausgehoben und abtransportiert werden. Mit Pferdegespannen allein, wie bis dahin üblich, war das nicht mehr zu bewerkstelligen. Also setzte man auch Züge ein, die den Aushub zum Hudson River brachten. Die Gleise zwischen der 49. Straße und dem Park Avenue Tunnel wurden Stück für Stück bei laufendem Betrieb in den Untergrund verlegt.

Mit der Gestaltung des Bahnhofsgebäudes selbst wurde der Architekt Whitney Warren beauftragt, der an der École des Beaux-Arts in Paris studiert hatte. Sein Ziel war es, die Passagiere von der alltäglichen Misere des Zugverkehrs abzulenken und statt dessen die Romantik einer Weltreise heraufzubeschwören. Daß während dieser Zeit unter dem Jubel der Öffentlichkeit die Pennsylvania Station eingeweiht wurde, war ärgerlich, wirkte sich aber nicht negativ auf das eigene Projekt aus. Bei der Eröffnungsfeier der neuen Grand Central Station im Februar 1913 war das Publikum ebenso begeistert. Die *New York Times* und andere Blätter kürten den Terminal zum »besten Bahnhof der Welt«.

Auch nach der Eröffnung wurde noch kräftig weitergebaut. Jetzt erst konnte man die Pläne für die Terminal City verwirklichen. Die schließlich vier Hotels, das Ambassador, Biltmore, Commodore und später das Waldorf-Astoria, waren direkt von den unterirdischen Bereichen aus zugänglich.

Die Arbeiten an den unterirdischen Depots, also den Abstellgleisen und Werkstatthallen, zogen sich bis in die 30er Jahre hin. An der Park Avenue, Ecke 49. Straße wurde das erste Stromwerk des Bahnhofs ebenerdig gebaut; das zweite entstand 1918 rund 30 Meter unter

Die Haupthalle von Grand Central in den 20er Jahren.

der Straße an der Lexington Avenue, Ecke 43. Straße. Beide Werke wurden 1929 nach einer neuen Vereinbarung mit der Stromgesellschaft Con Edison wieder abgerissen; an der Stelle des Park-Avenue-Werks steht heute das Waldorf Astoria Hotel.

Sein eigener Erfolg wurde dem Bahnhof fast zum Verhängnis. Als die Grundstücke um die Terminal City in den 1950er Jahren immer wertvoller wurden, schlugen manche Immobilienhändler und Architekten vor, den Bahnhof entweder abzureißen oder mit einem neuen Büroturm zu überbauen. Inzwischen hatte der Bahnhof nämlich seine zentrale Bedeutung verloren. Die Zahl der Passagiere war seit den 40er Jahren deutlich zurückgegangen und sollte auch in den kommenden Jahrzehnten weiter sinken. Daran konnte auch die Bahngesellschaft Amtrak nichts ändern, nachdem sie 1971 alle Fernzüge New Yorks übernommen hatte – mit exklusivem Anschluß an die neue Pennsylvania Station.

Daß der Bahnhof nicht abgerissen wurde, verdankt er den publikumswirksamen Auftritten von Jacqueline Kennedy Onassis und der Municipal Arts Society. Außerdem wollte man nicht ein zweites Mal den Fehler begehen, ein architektonisch einmaliges Gebäude dem Erdboden gleichzumachen – den Abriß der alten Pennsylvania Station hatte man schließlich doch bedauert. Nachdem die Grand Central Station 1978 unter Denkmalschutz gestellt worden war, entschloß man sich 1988 endlich dafür, das Gebäude zu restaurieren.

Inzwischen erstrahlt der Sternenhimmel über der Bahnhofshalle wieder in seinem alten Glanz. Neue Cafés und Restaurants haben eröffnet. Das einem florentinischen Palazzo ähnliche »Campbell Apartment« wurde in eine Luxusbar umgewandelt. Der ehemalige Weinkeller hatte in den 80er Jahren als provisorische Gefängniszelle der MTA-Polizei gedient.

Am prachtvollsten ist die unterirdische »Oyster Bar«. In der Vorhalle ist das Deckengewölbe des italienischen Architekten Raphael Guastavino, der auch die City Hall Station gestaltete, so angelegt, daß selbst sehr leise Stimmen über die Kacheldecke von einer Säule zur anderen laufen können.

Prachtvolle Gebäude gibt es in New York viele. Der besondere Reiz der Grand Central Station liegt darin, daß sie voller Geheimnisse steckt. Auf die Spuren ihrer erlebnisreichen Vergangenheit stößt man oft an Stellen, wo man dies eigentlich nicht erwarten würde. Selbst Historiker, die sich intensiv mit der Geschichte des Bahnhofs beschäftigt haben, konnten bislang längst nicht alle Rätsel lösen.

Die beiden Ebenen, auf denen die aktiven Gleise verlaufen, bilden den Hauptteil der Station. Darunter gibt es zwei weitere Ebenen, die sich von der 43. bis zur 49. Straße erstrecken. Dort liegen die Räume für die Strom- und Telefonleitungen. Etwa 18 Meter unter der 46. Straße befindet sich ein zwei Meter breiter Abwasserkanal. Unter der 43. und 49. Straße sind die Notwasserspeicher mit einer Kapazität von rund

Der historische Bahnhof ist heute zwischen Wolkenkratzern eingeklemmt.

Die Haupthalle von Grand Central heute.

190000 Litern, die bei einem Brand oder einem Wasserrohrbruch angezapft werden können.

Erheblich tiefer, rund 60 Meter unter der Straßenoberfläche, liegt der »Dynamo Room«. Abgesehen von den Aushubarbeiten für das World Trade Center in den 1960er Jahren ist man hier am weitesten in den New Yorker Untergrund vorgestoßen. Der Raum, von dem aus einst der gesamte Bahnhof mit Strom versorgt wurde, ist etwa so groß wie die Haupthalle des Terminals. Dort installierte man seinerzeit auch die Schalttafeln für die Signale. Weil dieser Ort bis heute als das Nervenzentrum des Grand Central gilt, unterliegen seine Zugänge der Geheimhaltung. Selbst die Originale der Baupläne verzeichnen diesen Raum nicht. Im Zweiten Weltkrieg wurden die Eingänge von Soldaten bewacht, denn ein Sabotageakt auf diese Schaltzentrale hätte den von New York ausgehenden Transport von Personal und Material entlang der gesamten Ostküste Amerikas außer Betrieb setzen können.

Unterhalb der Gleisebenen befindet sich ein Labyrinth von Dampfleitungen mit einer Gesamtlänge von mehr als 100 Kilometern. Die Arbeiter, die für die Instandhaltung dieses Bereichs zuständig sind, sprechen untereinander kurz von der »Burma Road«. Dort ist es vor allem im Winter tropisch warm. Deshalb war dieser Ort alljährlich eine beliebte Zufluchtsstätte für Obdachlose.

In den frühen 90er Jahren, als die Zahl der »Mole People« ihren Höhepunkt erreichte, gab es bis zu 700 Menschen, die zwischen den Dampfleitungen und den angrenzenden Gewölben eine Unterkunft fanden. Eine Spezialeinheit der Metro-North-Polizei war dafür zuständig, die Obdachlosen aus den Tunneln der

Da die Grand Central Station ein Kopfbahnhof ist, legte man Anfang des 20. Jahrhunderts unterirdisch auf zwei Ebenen Wendeschleifen an, die unter der 42. Straße um den Kopf herumführen. Hier die Einfahrt in die Wendeschleife der unteren Zugebene.

Grand Central Station zu verjagen. Manchmal mußte sie das bahnhofseigene Wartungspersonal begleiten, um es vor aggressiven »Mole People« zu schützen.

Seit Abschluß der Restaurierungsarbeiten treiben sich nur noch wenige Obdachlose in den Tunneln der Grand Central Station herum. Es ist schwieriger geworden, unauffällig in die Unterwelt des Bahnhofs einzudringen. Tina S., die vier Jahre lang illegal in den Eingeweiden der Grand Central Station gelebt hat, berichtete vor kurzem, daß ihre einstigen Schlupfwinkel nur noch schwer zu erreichen seien. »Man kann kaum noch unter die Gleise krabbeln, wie wir es früher gemacht haben«, sagte sie. »Ich weiß nicht, wohin die ganzen Obdachlosen verschwunden sind.«

»Burma Road« ist noch aus einem anderen Grund ein berüchtigter Ort. 1987 verklagten 130 Arbeiter die Metro North Commuter Railroad. Diese Elektriker, Schweißer und Rohrleger nannte man die »Schneemänner von Grand Central«, weil sie nach ihrer Arbeit zwischen den Dampfleitungen von oben bis unten mit weißen Flocken bedeckt waren. Erst in den 80er Jahren wurde bekannt, daß es sich bei den Flocken um Asbest handelte. Obwohl man den giftigen Stoff nach und nach aus den Tunneln entfernte, kam dies für viele der Arbeiter zu spät – sie litten bereits unter schweren gesundheitlichen Schäden. Eine tragische Folge des wiederholten Aufschubs notwendiger baulicher Maßnahmen.

Zurück zu den ungehobenen Schätzen der Grand Central Station. Dazu zählt der Privateingang des U-Bahn-Moguls August Belmont. Im unterirdischen Bereich von Grand Central muß es irgendwo eine Tür gegeben haben, die von einer Bar im Keller seines Hotel aus zu den IRT-Gleisen führte. Diese Tür benutzte er, wenn er seine »Lady Mineola«, also seinen Privatzug, besteigen wollte. Das Belmont-Hotel gibt es nicht mehr, aber die Gleise des ursprünglichen IRT-Systems und vermutlich auch das private Abstellgleis liegen nach wie vor unter der 42. Straße. Selbst Stan Fischler, Untergrund-Experte und Autor mehrerer Bücher über das U-Bahn-System New Yorks, kann über den genauen Ort nur spekulieren.

Heute noch deutlich sichtbar sind dagegen die Überreste der Schleife, in der früher der Steinway-Tunnel, inzwischen Teil des Tunnels der U-Bahn-Linie 7, endete. In dieser Schleife kehrten seinerzeit die aus Queens kommenden Straßenbahnen um, bevor sie unter dem East River wieder zurückfuhren. Als die Station gebaut wurde, mußte die Schleife an zwei Stellen durchbrochen werden, damit der Tunnel weiter in Richtung Times Square geführt werden konnte. Wenn man heute mit der Linie 7 gen Westen fährt, kann man noch dunkle Umrisse in der Seitenmauer erkennen. Die Schleife wurde in drei Segmente aufgeteilt, zwei werden angeblich als Abstellkammern ge-

Wartungsbereich auf der unteren Zugebene neben einem stillgelegten Gleis.

nutzt. Das dritte Segment hat man offensichtlich komplett zugemauert. Stutzig macht nur, daß auch dort Obdachlose Zuflucht gesucht haben sollen. Wie sie in diesen Teil der alten Schleife gelangten, ließ sich bisher nicht ermitteln. Vielleicht hatten sie einfach die Mauern durchbrochen.

Stillgelegt wurde auch die nur zum Teil realisierte, aber nie in Betrieb genommene Verbindung zwischen der Grand Central Station und den McAdoo-Tunneln nach New Jersey. Daß diese Strecke überhaupt in irgendeiner Form existierte, wird von vielen bestritten. Schließlich gehörten die Tunnel von McAdoo (und später der PATH-Linie) zur Pennsylvania Station und damit dem Konkurrenten von Grand Central. Auf den ursprünglichen Plänen sind einige Bahnsteige aber deutlich eingezeichnet. Und ein Arbeiter namens Sheldon Lustig, der in den 70er Jahren für die Instandhaltung des Bahnhofs zuständig war, erinnerte sich an einen geplanten Tunnel Richtung Pennsylvania Station. Er meinte, die Gleise seien verlegt worden, endeten aber blind an einer Fundamentsmauer der Grand Central Station.

Weil es hier alles gibt, was das Herz eines Untergrundforschers höher schlagen läßt, stößt man auch auf ein paar Geisterstationen, und zwar nördlich des Bahnhofsgeländes, in dem Segment, das früher zum Park Avenue Tunnel gehörte. Unter der 59. und 72. Straße erkennt man im Vorbeifahren die Haltestellen, die ursprünglich für den regionalen Verkehr geplant, aber nie vollständig realisiert wurden. Von den Bahnsteigen aus führen schmale Treppen hoch zur Park Avenue, wo außer den unauffälligen Klapptüren im Asphalt kaum noch Spuren blieben. An der 86. Straße gab es dagegen eine Haltestelle, die bis 1903 auch in Betrieb war. Die Stationen dienen heute als Notausgänge. Wenn man Glück hat, sind sie wenigstens zum Teil beleuchtet, so daß sie im Vorbeifahren erkennbar sind.

Es war inzwischen 2 Uhr morgens und der Bahnhof seit einer halben Stunde geschlossen. Der Arbeiter, der uns beim Wandern über die Gleise angesprochen hatte und uns die Treppe, die fünfzehn Stockwerke hinabführt, nicht zeigen wollte, begleitete uns zu einem Ausgang, durch den wir unauffällig auf die Straße gelangen konnten. Wir verabschiedeten uns, kletterten neben einem verriegelten Aufzug eine kleine, dunkle Treppe hoch und befanden uns in einem schmalen Korridor. Als wir die Tür zur Straße öffneten, stellten wir fest, daß wir aus dem Waldorf Astoria Hotel getreten waren. Ohne es zu wissen, hatten wir den Zugang zum Untergrund, um den sich so viele Gerüchte ranken, benutzt.

Auch über einen etwas weniger eleganten Verbindungstunnel zwischen dem ehemaligen Biltmore Hotel und dem Bahnhof gibt es Berichte. Direkt neben dem Hotelbüro der Familie Vanderbilt führte ein Tunnel unter die Vanderbilt Avenue und mündete in der Nähe des Wettbüros »Off-Track Betting«, das in der Station seinen Sitz hatte. Joe Schipani, ein ehemaliger Angestellter im Biltmore Hotel, berichtete: »Wenn wir einen unserer Kollegen im Hotel vermißten, dann gingen wir als erstes durch den Tunnel zum ›Off-Track Betting‹. Dort fanden wir unsere Mitarbeiter fast immer wieder.« Das Biltmore-Gebäude wurde von der Bank of America gekauft und der Tunnel unter der Vanderbilt Avenue versiegelt.

Eine mögliche Verbindungstür zu einem anderen

Bau der Wendeschleifen unter der Grand Central Station zu Beginn des 20. Jahrhunderts.

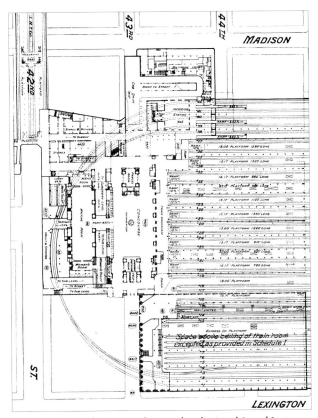 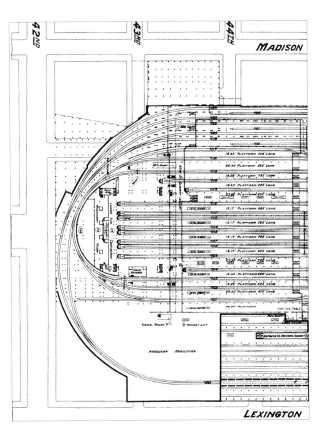

Die obere (links) und untere Zugebene (rechts) der Grand Central Station.

Hotel – dem ehemaligen Commodore – fand ich zufällig bei einer genaueren Erforschung der inzwischen ungenutzten, auf zwei Ebenen angelegten Wendeschleifen von Grand Central. Während die Schleife auf der oberen Ebene ab und zu noch befahren wird, scheinen die Gleise der Schleife auf der unteren Ebene schon lange keinen Zug mehr gesehen zu haben. Letztere habe ich oft besucht, weil sie an besonders interessanten Bereichen des Bahnhofs vorbeiführt.

Die Gleise laufen um den Kopf des Bahnhofs herum, von dem aus die Treppen in die Haupthalle führen. Die Schienen sind durch eine Mauer abgetrennt, in der sich offene Türbögen befinden, wie man sie im New Yorker Untergrund so oft in der Nähe von Gleisen antrifft. Die gewölbten Öffnungen verleihen dem großflächigen Tunnel eine katakombenartige Atmosphäre. In den großen Wartungsräumen hinter der Wand, die zum Teil wie Käfige aussehen, brennt hin und wieder eine orangefarbene Glühbirne.

Die Türen, die in die Räume des runden Bahnhofskopfs führen, sind geöffnet. Dort scheint immer viel los zu sein. Es dampft, man hört das Fauchen von Maschinen, die entfernten Stimmen von Arbeitern und vor allem ein ständiges Tropfen von der Decke. Auf einem Schild war früher wohl zu lesen: »Watch out for the trains«. Irgendwann wurden zwei Buchstaben abgekratzt, so daß es heute »Watch out for the rain« heißt. Weiter hinten, genau dort, wo mir die größte Ratte, die ich je gesehen habe, vor die Füße lief, hängt ein zweites solches Schild – und wieder wurde es von jemandem verändert: »Watch out for the rats«, heißt es jetzt.

Unter der Stelle, wo sich früher das Commodore Hotel (heute das Grand Hyatt Hotel) befand, gibt es eine Tür, die offenbar schon vor langer Zeit zugemau-

Hinter dem Kopf des Bahnhofs liegen die Gleisreste der unteren Wendeschleife.

ert wurde. Könnte dies der ursprüngliche Eingang ins Commodore gewesen sein? Meinen Plänen nach lag die Treppe neben einer Kühlanlage und einer Abstellkammer; so fand ich es auch vor. In der kleinen Kammer neben der vermauerten Tür hängt nur ein Kranz aus Tannenzweigen, der vermutlich schon mehrere Weihnachtsfeste an diesem stillen Ort überstanden hat.

Eine große Veränderung steht dem Bahnhof noch bevor. Bis heute können Passagiere der Long Island Rail Road (LIRR) in Manhattan nur an der Pennsylvania Station aussteigen. Eine direkte Verbindung von Long Island zur Grand Central Station würde erheblich Zeit sparen. Seit den 70er Jahren wird über eine solche Verbindung nachgedacht. Bis 2011 soll sie endlich realisiert werden.

Weil die Stromversorgung der LIRR nicht mit der Grand Central Station kompatibel ist und dessen Gleise weitgehend ausgelastet sind, hat man wieder einmal große Pläne geschmiedet: Unter den beiden Gleisebenen von Grand Central soll eine dritte Bahnhofsebene entstehen.

Der Plan sieht außerdem vor, den Tunnel an der 63. Straße, der zwischen Long Island und Manhattan auf Höhe der Queensboro Bridge unter dem East River verläuft, weiter auszubauen. Die Strecke soll dann unter der Park Avenue bis zur Grand Central Station verlaufen. Allerdings, und das ist das Sensationelle, will man einen neuen, elf Kilometer langen Tunnel unter den heute schon bestehenden Tunneln der Metro-North-Linien und der Linien N und R anlegen. Bei den Aushubarbeiten werden nach ersten Berechnungen rund 940 Millionen Kubikmeter Erde anfallen. Mit diesem, ihrem bisher größten Bauprojekt will die MTA einen neuen Rekord aufstellen. Man darf gespannt sein, auf welche Schätze die Arbeiter im Untergrund stoßen werden.

Geheimnisvolle Tunnel

Spurensuche unter der Atlantic Avenue

Im Sommer des Jahres 1911 entschloß sich die Brooklyner Zeitung *The Daily Eagle*, einem Gerücht auf den Grund zu gehen, das sich hartnäckig über fünf Jahrzehnte in Brooklyn gehalten hatte. Um einen alten Tunnel ging es: den ersten Zugtunnel Amerikas.

1844 soll er unter der Atlantic Avenue gebaut und schon 1861 wieder stillgelegt worden sein. Konkretes wußte niemand. Doch die 75 Mann starke Truppe, die *The Daily Eagle* zusammengetrommelt hatte, kam dem geheimnisvollen Tunnel nicht auf die Spur.

In einer 1959 veröffentlichten Ausgabe seines Buchs »The World Beneath the City« kam der Autor Robert Daley mit Blick auf das im Untergrund verborgene Bauwerk zu dem Schluß: »Dort liegt nun der Tunnel, leer und dunkel, und wird nur noch von seinen Legenden bewohnt ... Es ist unwahrscheinlich, daß ihn jemand in den nächsten hundert Jahren betreten wird.«

Es war ein angehender Ingenieur, der sich rund 20 Jahre nach Erscheinen dieses Buchs mit dem legendären Tunnel befaßte. Noch ehe er von den kursierenden Gerüchten erfuhr, ahnte der gebürtige Brooklyner Bob Diamond, daß etwas Monumentales quasi unter seinen Füßen lag. Als er zwölf Jahre alt war und eines Abends einzuschlafen versuchte – so seine Geschichte – drang plötzlich der starke Geruch einer alten Dampflokomotive durchs offene Fenster. Ihm schwebte das Bild eines riesigen, aus Backsteinen gemauerten Tunnels vor Augen. Am nächsten Tag erkundigte er sich in der Nachbarschaft, ob es irgendwo einen solchen Tunnel gibt. Das einzige, was er in Erfahrung bringen konnte, waren die besagten Gerüchte. Betreten habe den Gang bislang noch niemand.

Diamond war inzwischen Student der Ingenieurwissenschaften an der Pratt University in Brooklyn, als er wieder von dem Tunnel hörte, und zwar im Radio. Angeblich hatte ein Bewohner Brooklyns behauptet, tief unter einer Straße Zuggeräusche gehört zu haben. Es sei zwar bekannt, daß es in Brooklyn einst unterirdische Züge gab, wurde in der Sendung berichtet, nur seien die Überreste der Gleise oder des Tunnels nie gefunden worden.

Dieser Bericht markierte einen Wendepunkt in Diamonds Leben. Was er da vernommen hatte, stimmte genau mit der Vision überein, die ihm als Kind begegnet war. Er beschloß, dieser Sache auf den Grund zu gehen. Diamond nistete sich also die nächsten Wochen in den Archiven der Stadtverwaltung ein und wühlte sich geduldig durch alle existierenden Pläne für Brooklyn Heights. Bis er es schwarz auf weiß vor sich sah: Den Tunnel mußte es geben.

Bereits 1832 gab es eine erste Strecke der Zuggesellschaft LIRR, die am Cobble Hill begann, also etwas unterhalb von Brooklyn Heights, da, wo die Atlantic Avenue auf den East River zuläuft. Mit 40 000 Einwohnern war die Gegend schon damals dicht besiedelt. Um im Wettbewerb mit Manhattan bestehen zu können – die beiden Stadtteile des heutigen New York kämpften damals noch um die Vorherrschaft am East River –, plante die Brooklyner Regierung, das Verkehrssystem zu modernisieren. Von dem gegenüberliegenden Manhattan fuhr eine Fähre zu einer Station in Brooklyn Heights. Weil die Route vom Wasser aus bergauf lief, wurden die damals noch antriebsschwachen Züge anfangs eine kurze Strecke von Pferden gezogen. Auf der anderen Seite des Hügels ging es leicht

Der Atlantic Avenue Tunnel in Brooklyn, um 1844. Er wurde bereits 1861 wieder geschlossen und geriet bald in Vergessenheit. Erst in den 1980er Jahren konnte er wiederentdeckt werden.

bergab ins Zentrum von Long Island und schließlich (teilweise per Fähre) nach Boston.

1844 erhielt die LIRR die Genehmigung, durch den Cobble Hill einen Tunnel zu bauen, damit die Dampflokomotiven nicht mehr auf die Pferdegespanne angewiesen waren und auf gerader Strecke fahren konnten. Darüber hinaus sollte sich die Atlantic Avenue in die schönste Straße Amerikas verwandeln. Die stinkenden Züge konnte man da inmitten der geplanten Idylle nicht gebrauchen.

In weniger als einem Jahr wurde ein für zwei Gleise ausgelegter Tunnel von der am Wasser liegenden Querstraße Columbia Place bis zur Boerum Place etwa zehn Meter unter der Straßenoberfläche gebaut. Er war etwa 600 Meter lang, 6,4 Meter breit und 5,2 Meter hoch. Auf der Strecke vom einen zum anderen Ende des Tunnels gab es nur einen Zwischenstopp, und zwar an der Ecke Atlantic Avenue/Hicks Street.

Bei der Eröffnung 1844 verkündete LIRR-Präsident George Fisk: »Der Tunnel ist ein Kunstwerk, das Brooklyn ewig verschönern wird.« Der Andrang auf die Jungfernfahrt war so groß, daß der Zug gleich 50 Mal hin und her fahren mußte. Zur Feier des Tages wurden im Zug Kekse und Apfelwein serviert. Der Dichter Walt Whitman schrieb darüber einmal: »Der alte Tunnel, der einst unter dieser Erde lag ... dunkel wie das Grab, kalt, feucht, und still ... Wie schön es ist, aus dem Dunkel ans Licht zu kommen und die Erde und den Himmel endlich wieder zu sehen.«

Schöner wurde die Atlantic Avenue durch den Tunnel allerdings nicht. Der Dampf der Lokomotiven mußte durch Schornsteine an die Oberfläche geleitet werden. Der Ruß verschmutzte nicht nur die Straße, sondern auch die eleganten Häuser. Schon bald beschwerten sich immer mehr Bürger über Gestank und Dreck. An dem Protest änderte sich auch nichts, als die Züge immer seltener verkehrten, weil die Verbindung immer weniger genutzt wurde. Nachdem 1858 ein Gericht zugunsten der Bürger von Brooklyn Heights geurteilt hatte, mußte die LIRR den Betrieb auf dieser Strecke einstellen: Die Gleise wurden 1859 entfernt und der 1861 geschlossene Tunnel geriet in Vergessenheit. Nunmehr konnte man nur noch bis zur Atlantic Avenue, Ecke Fourth Avenue fahren.

Die Atlantic Avenue, eine der geschäftigsten Straßen in ganz Brooklyn, sollte jetzt nach dem Vorbild der Pariser Champs Elysées weiter ausgebaut werden.

Für die Fabriken und Geschäfte war der Standort ohne die Zugverbindung allerdings nicht mehr attraktiv, viele mußten bald ganz schließen. Auch zahlreiche Hotels machten dicht und wurden durch Kneipen ersetzt. Im Wettbewerb mit Manhattan war diese Entwicklung für Brooklyn ein schwerer Schlag.

Das alles trug sicher dazu bei, daß sich um den Tunnel bald Legenden rankten. Schon ein Bericht im Brooklyn Eagle aus dem Jahr 1896 gab die fantastischen Geschichten, die in einigen Kreisen über den Tunnel kursierten, zum besten. Anlaß für den Artikel war offenbar der Vorschlag, dort Pilze anzubauen. Der Journalist des Brooklyn Eagle suchte vergeblich nach jemandem, der den Tunnel in den Jahren nach der Stillegung noch einmal betreten hatte.

Die populärste Legende handelte von Schmugglern, die den anscheinend noch nicht ganz versiegelten Ort kurz nach dem amerikanischen Bürgerkrieg (in den 1870ern) genutzt haben sollen. Eine kleine Öffnung des Tunnels lag wohl dicht genug am Wasser, so daß sie ihre Boote am Ufer verankern und unter dem Schutz der Barrikaden vor der Polizei fliehen konnten. Den Erzählungen zufolge gab es dort viele Schießereien. Die Polizei sorgte schließlich dafür, daß der Tunnel endgültig versiegelt wurde.

So weit war Diamond bis 1981 mit seinen Recherchen gekommen. Schließlich stieß er auch auf eine Straßenkarte, auf der er an der Kreuzung Atlantic Avenue und Court Street einen kleinen blauen Punkt eingezeichnet fand. Dort vermutete er einen Eingang. Als er feststellte, daß es genau an der Stelle einen Kanaldeckel des für die Wasserversorgung zuständigen Amtes, des Department of Environmental Protection (DEP), gab, beantragte er amtliche Unterstützung.

Nach monatelanger Suche stieß der Ingenieur Bob Diamond 1981 auf diesen Hohlraum unter der Atlantic Avenue, der zu dem legendären Zugtunnel führte.

Nach einigem Hin und Her konnte er das DEP dazu bewegen, den Deckel für ihn zu öffnen. Aber es ging nur einen Meter in die Tiefe, dann kam er nicht weiter. Der Einstieg wurde wieder geschlossen.

Diamond versuchte es mit einem anderen Einstiegsloch, das nicht weit von dem ersten entfernt lag. Dieses gehörte der regionalen Gas-Gesellschaft Brooklyn Union Gas (BUG). Auch sie erklärte sich dazu bereit, ihren Deckel für Diamond zu öffnen. Vorsichtshalber gab man ihm eine Sauerstoffflasche, eine Gasmaske und ein Handfunkgerät mit. »Sie haben fünf Minuten«, sagte der Chef. Dann würden die Arbeiter ihn an dem Seil, das sie ihm zur Sicherung anlegten, wieder aus dem Loch ziehen.

So schnell er konnte, kroch er zunächst einen Meter in die Tiefe, bis er eine Art Hohlgang erreichte. Etwa 20 Meter vor sich konnte er größere Erdhaufen erkennen, dahinter machte er Ziegelsteine aus: die Mauer, die den Tunnel verschloß. Als er die Mauer erreicht hatte, grub er sich hastig durch die lockere Erde, in der Hoffnung, einen Eingang zu finden. Tatsächlich stieß er auf den oberen Teil einer Tür, die allerdings zugemauert war.

Nun begannen die Arbeiter der Gas Company, ihn nach oben zu zerren. Diamond wollte ihnen per Funk durchgeben, daß er den Tunnel gefunden habe. »Aber ich konnte nicht sprechen vor Lachen«, sagt er heute. »Neun Monate lang hatte ich mich mit der Suche nach diesem Tunnel beschäftigt. Jeder sagte mir, ich würde ihn nie finden, ich solle doch endlich aufgeben. Und hier lag er nun vor mir.«

Als er wieder zu sich gekommen war, meldete er den Arbeitern seinen Erfolg und forderte sie auf, mit »Sicilian Toothpicks« zu ihm zu kommen. »Sizilianische Zahnstocher« – das sind zwei Meter lange Brechstangen. Prompt krabbelten fünf Arbeiter mit hinunter, obwohl es kaum genug Platz für sechs Männer gab. Auf ihren Bäuchen lagen sie nebeneinander und schlugen gegen die Wand. Immer wieder hackten sie auf die Mauer ein, drei Stunden lang. Dann brachen sie durch.

»Es war, als wären wir plötzlich im Weltall gelan-

Mitarbeiter der Brooklyner Gas-Gesellschaft, nachdem sie gemeinsam mit Bob Diamond auf den Atlantic Avenue Tunnel gestoßen sind.

det«, erzählt Diamond. Ein kalter Wind blies ihnen aus der dunklen Öffnung entgegen. Als sie mit ihren Taschenlampen in den Tunnel leuchteten, schien er unendlich groß. Die Steine der Decke funkelten wie Sterne.

Der Boden des Tunnels lag fast vier Meter unter ihnen. Weil man nicht einfach herunterspringen konnte und die Mannschaft nicht entsprechend ausgerüstet war, kletterte Diamond hinaus und kaufte in einem nahegelegenen Geschäft eine Strickleiter. Als sie im Innern des Tunnels standen, staunten sie nicht schlecht: Er war komplett erhalten, vom Straßenlärm über ihnen nichts zu hören. »Ich glaube, wir sind in New Jersey«, sagte einer der Arbeiter, nachdem sie den gesamten Tunnel abgelaufen hatten.

Diamonds Fund war sensationell. Nicht nur die Repräsentanten zahlreicher Behörden, auch Historiker und Wissenschaftler suchten nach und nach den Tunnel auf, um ihn rundum zu analysieren. Nach einem langen bürokratischen Prozeß erhielt Diamond die Genehmigung, den Tunnel auf Lebenszeit von der Stadt zu pachten.

In den nächsten zehn Tagen schaufelte Diamond die Erde an die Straßenoberfläche, wo seine Freunde mit Schubkarren bereitstanden. Er entdeckte auch drei Löcher in der Tunneldecke, durch die früher drei Schornsteine nach draußen ragten. Nachdem der Tunnel stillgelegt worden war, hatte man diese zerstört. Außerdem fand er Scherben und andere Artikel, die einen weiteren Mythos zu bestätigen schienen: Angeblich war im Tunnel während der Prohibition, dem landesweiten Alkoholverbot in den 1920er Jahren, Gin gebraut worden, den man durch eine Röhre in das Ba-

Freigelegter Zugang zum Atlantic Avenue Tunnel (oben). Dort stieß Diamond auf diese Inschrift (unten), die ein FBI-Agent im Ersten Weltkrieg hinterlassen hat.

dezimmer einer Bar auf der Atlantic Avenue geleitet hatte.

Und noch eine merkwürdige Entdeckung machte Diamond: An der Wand fand er die Notiz »Lynch brachte das erste elektrische Licht in den [Tunnel] 11. März 1916«. Was mochte es damit auf sich haben? Diamond ging dem nach und fand heraus, daß man im Ersten Weltkrieg einige Deutsche verdächtigte, sich in dem Tunnel versteckt zu halten und Sabotageakte zu organisieren. Nach einer Explosion im Munitionsdepot »Black Tom« in New Jersey auf der anderen Seite der New York Bay glaubten FBI-Agenten, der Sprengstoff stamme aus dem vermeintlichen Versteck unter der Atlantic Avenue. Sie brachen daraufhin gewaltsam in den Tunnel ein, finden konnten sie allerdings nichts. Wohl zur Erinnerung an diese Aktion hinterließen sie die besagte Notiz.

Diamond gilt heute als der Experte für die Geschichte des Atlantic Avenue Tunnel. Etwa zweimal im Jahr kann man ihn besichtigen. Die Besucher klettern eine kleine Leiter hinab in den ersten Teil, der zu der alten Mauer führt. Inzwischen wurde die Strickleiter durch eine Treppe ersetzt und elektrisches Licht installiert. Es ist Diamond zu verdanken, daß der Tunnel 1989 ins »National Register of Historic Places« aufgenommen wurde.

Als Präsident der Brooklyn Historic Railway Association arbeitet Bob Diamond mit Volontären an dem Projekt, die Straßenbahn, die einst in Brooklyn fuhr, wiederzubeleben. Auf einem Pier in Red Hook, Brooklyn, mit fantastischem Blick auf Governors Island und die Freiheitsstatue, hat er sein Trolley Museum eröffnet. Weil es nach Red Hook keine U-Bahn-Verbindung gibt, unterstützen die Stadtverwaltung und die Anwohner seinen Plan, die Straßenbahngleise vom südlichen Red Hook mit der großen U-Bahn-Station Atlantic Avenue zu verbinden. Dafür will er den alten Tunnel entsprechend herrichten. Ob sich das verwirklichen lassen wird, ist in erster Linie eine Frage der Finanzierung, die noch nicht geklärt werden konnte.

Bis es soweit ist, will Diamond den Tunnel gern für kulturelle Veranstaltungen nutzen. Eine erste dieser Art fand am 30. März 2002 statt, als der Tunnel nachts für ein Bankett und eine Klanginstallation geöffnet wurde. Das Ganze stand unter dem Motto »Spionage im Ersten Weltkrieg« – in Anlehnung an das FBI-Graffiti.

Obwohl Diamond seit der Wiederentdeckung des Tunnels 1981 auf den alten Zeichnungen viele Geheimnisse rund um das unterirdische Bauwerk gelüftet hat, konnte er das für ihn größte Rätsel noch nicht lösen. Nach seinen Recherchen wurde die Lokomotive nach der Entfernung der Gleise einfach unter der Hicks Street »begraben«. Die Erinnerungen eines alten Brooklyners stützen dies: Er berichtete, daß er als Kind im Keller unter Atlantic Avenue 64 gespielt hat. Ein Teil des alten Kellerbodens soll ziemlich brüchig gewesen sein. Nachdem er mit seinen Freunden ein Loch gebuddelt hatte und hindurch gekrabbelt war, machte er im Dunkeln eine alte Lok aus. Die Räder waren größer als die der Züge, die er aus den Western-Filmen kannte. Seine Beschreibung stimmte mit dem überein, was man über die Lokomotive bis dahin wußte.

Diamond suchte natürlich nach diesem Keller. Doch das Haus ist inzwischen abgerissen worden, und der ehemalige Keller liegt heute unter der Abfahrt vom Brooklyn Queens Expressway auf die Atlantic Avenue. 1990 erhielt der Ingenieur schließlich die Genehmigung, mit einem Bauarbeiter drei kleine Löcher in der Nähe der Kreuzung Atlantic Avenue / Hicks Street zu graben. Dabei stießen sie auf den Tunnel, und zwar auf das Segment, das hinter dem von Diamond entdeckten Abschnitt liegt. Nachdem sie die Decke durchbrochen hatten, sah Diamond Teile eines Bahnsteigs vor sich, dahinter eine Wand mit Ornamenten.

Bevor er seine Grabungen fortsetzen konnte, wurde ihm offiziell verboten, weitere Untersuchungen durchzuführen. Er mußte die Löcher wieder zuschütten. Aber vielleicht findet er die Lokomotive eines Tages ja doch noch.

Bankett im Atlantic Avenue Tunnel, zu dem die Künstlergruppe »Dark Passage« im Frühjahr 2002 geladen hatte. Weitere Veranstaltungen dieser Art sind geplant.

Das Hauptquartier der »Mole People«

Zerberus heißt der Hund in der griechischen Mythologie, der den Eingang zur Unterwelt bewacht. Ob der Hund, der den Zugang zum »Freedom« Tunnel hütete, auch einen Namen hatte, ist fraglich. Er steht da, wo die Gleise auf Höhe der 122. Straße unter den Riverside Park führen. »Steht« mag vielleicht etwas übertrieben sein. Aufgerichtet zwischen einem alten Schuh und einem Stecken und auf einer Seite mit Graffiti besprüht, kann man den plattgedrückten Kadaver kaum noch als Hund erkennen.

Ob man darüber lachen oder vor Gruseln die Flucht ergreifen soll, kommt wahrscheinlich auf die Tageszeit an. Morgens ist der »Freedom« Tunnel eigentlich ganz attraktiv. Die Sonne scheint durch die Luftschächte auf die Gleise und beleuchtet die großen Wandmalereien, die im Tageslicht bestens zur Geltung kommen.

Nachts jedoch ist es an diesem Ort besonders gefährlich. Weniger wegen der Züge, die durch den Tunnel rasen, sondern weil dort immer noch einige Obdachlose wohnen. Die einst im Untergrund des Riverside Park lebende Kommune, die durch den Film »Dark Days« aus dem Jahr 2000 einer breiteren Öffentlichkeit bekannt wurde, gibt es nicht mehr. Bis 1995 wohnten vermutlich Hunderte Obdachlose in verlassenen Wartungskammern und selbstgebauten Hütten neben den Gleisen. Auf Anordnung der Feuerwehr vom April 1995 wurden die Buden im Laufe der folgenden zwei Jahre systematisch zerstört und die Bewohner vertrieben. Seitdem ist ein nächtlicher Spaziergang durch die langen Gänge um so riskanter. Ein Graffiti-Künstler, mit dem ich befreundet bin, stieß dort eines Nachts auf einen Toten. Inzwischen traut er sich nach Sonnenuntergang nicht mehr in diesen Teil des Manhattaner Untergrunds.

Der etwa vier Kilometer lange Tunnel gehört zu einer Bahnstrecke, die einst die Lebensader New Yorks war. Mitte des 19. Jahrhunderts plante die Hudson River Railroad eine Verbindung zwischen New York und Albany, allerdings nicht für den Personenverkehr, sondern für den Frachttransport. Am westlichen Ufer wurden die Schienen 1850 direkt neben dem Hudson verlegt. Auf diesem Weg kamen Molkereiprodukte und Gemüse sowie Fleisch und Geflügel von den Farmen im Norden New Yorks nach Manhattan.

1934 wurde im Rahmen der Stadterneuerung das »Westside Improvement«-Projekt aus der Taufe gehoben. Da die Züge auf Straßenebene verliefen, kam es regelmäßig zu einem Verkehrschaos. Nun sollten die Gleise in eine Art Schlucht und auf Höhe der 30. Straße über einen Viadukt verlegt werden, der bis zu einem Bahnhof an der Spring Street reichte, um die an dieser Strecke liegenden Fabriken direkt beliefern zu können. Dieser Plan wurde in den folgenden Jahren realisiert. Von der Bronx aus führten die Gleise über eine Brücke am Hudson entlang zu den Stationen an der 130. und 30. Straße, zwischen denen ein Zugdepot, der 60. Street Rail Yard, entstand, wo die Wagen nach Fracht sortiert oder einfach abgestellt wurden. Eine Schleife an der 30. Straße verband die unterirdischen Gleise mit dem Viadukt, ohne dabei eine Straße kreuzen zu müssen.

Das Projekt erforderte den Abriß von 640 Gebäuden, darunter eine Kirche und zwei Schulen. Außerdem verloren die West Side Cowboys ihren Job. Vor jedem Zug, der weiter südlich über die Tenth Avenue fuhr, mußte ein Mann mit einer roten Flagge vorneweg reiten, um den Weg freizumachen. Mit einer Geschwindigkeit von zehn Stundenkilometern kroch der Zug hinter dem Reiter her.

Auch auf der Strecke zwischen der 72. und 123. Straße sollte sich einiges ändern. Schon in den 1870er Jahren hatte Frederick Law Olmsted Pläne für einen Park und eine am Hudson entlangführende Straße entworfen. Die Gleise, die durch das Parkgelände verliefen, das dort entstanden war, sollten im Rahmen des »Westside Improvement«-Projektes in einen Tunnel verlegt werden.

Der Amtrak Tunnel, auch »Freedom« Tunnel genannt, an der Westseite Manhattans (unten), der unter dem Riverside Park verläuft (oben). Die Wände wurden von zahlreichen Graffiti-Künstlern gestaltet.

Ehemalige Wartungskammer (oben) im »Freedom« Tunnel (links) unter dem Riverside Park, Zufluchtsort der »Mole People«, der sogenannten Maulwurfmenschen.

Trotz dieser Erneuerungen war die Route in den 1970er Jahren nicht mehr rentabel und wurde stillgelegt. Der Viadukt in Chelsea rostet immer noch verlassen vor sich hin. 1991 hat die Bahngesellschaft Amtrak die Strecke nördlich der Pennsylvania Station für den Personenverkehr nach Albany reaktiviert. In dem Tunnel, der unter den Namen »Riverside Tunnel«, »Freedom Tunnel« oder »Empire Tunnel« bekannt ist, hatten jedoch Hunderte Obdachlose Zuflucht gesucht. Auch Graffiti-Künstler entdeckten den Tunnel für sich. Amtrak versuchte immer wieder, die »Mole People« zu vertreiben. Nach diesen Razzien kehrten sie natürlich regelmäßig zurück. In den vergangenen Jahren ist die Zahl der »Mole People« im Riverside Tunnel allerdings zurückgegangen.

Wer den Tunnel heute besucht, wird nach wie vor auf Obdachlosenlager stoßen. Sie sind nur geschickter versteckt als früher. Man erkennt sie zum Beispiel an der Wäsche, die über dem Geländer eines schwer erreichbaren Laufstegs hängt. Je abgelegener die seitlichen Höhlen und Kammern liegen, desto besser eignen sie sich als sicheres Versteck.

Auf die Hinterlassenschaften der ehemaligen »Mole People« stößt man schon öfter. Neben Bauschutt, aus dem sie sich ihre Hütten zusammenzimmerten, die jetzt zertrümmert neben den Gleisen liegen, türmen sich alle hundert Meter Berge von Müll, darunter Töpfe, Koffer, Fahrräder und Schuhe.

Regelmäßig inspiziert die Amtrak-Polizei den Tunnel oder postiert sich am nördlichen Eingang, durch

Küche eines Obdachlosen im »Freedom« Tunnel.

den man am leichtesten ins Innere kommt. Die Notausgänge, über die man früher in den Park gelangte, sind zugeschweißt. Schleichwege gibt es nur noch wenige, und zwar durch kleine Öffnungen in der Mauer des Tunnels.

Was bei einem Spaziergang entlang der Gleise besonders skurril wirkt, sind die Geräusche aus dem Park, die durch die Luftschächte in den Tunnel dringen. Im ersten Moment weiß man nicht, ob sie aus einem Treppenhaus oder aus dem dunklen Bereich hinter der Tunnelkurve kommen. Wenn man unter einem der großen Gitter steht, kann man beobachten, wie jemand über einem Ball spielt – so einen hautnahen Kontrast zwischen Reichtum und Armut, sonnenbestrahlter Natur und lebensbedrohlicher Dunkelheit gibt es nur selten in New York. Dabei kann man davon ausgehen, daß die meisten Parkbesucher nicht einmal ahnen, was sich direkt unter ihnen zuträgt.

Dieser Hundekadaver »bewacht« die Einfahrt in den Tunnel der Bahngesellschaft Amtrak unter dem Riverside Park im Nordwesten Manhattans.

Graffiti im Riverside Tunnel.
Oben eine überlebensgroße Kopie von Goyas
»Die Erschießung der Aufständischen
am 3. Mai 1808«.

Stillgelegte Teile des Amtrak Tunnel unter Midtown. Hier suchen noch heute Obdachlose Zuflucht.

Ein Nachtlager im Untergrund.

Der Atlantic Avenue Tunnel in Brooklyn, den der Ingenieur Bob Diamond wiederentdeckte.

Bob Diamond neben dem Zugang zum Atlantic Avenue Tunnel, den er erst mühsam freilegen mußte.

Fluchtwege und Versorgungsschächte

Fußgängerpassagen

Über eine winzige Straße in Chinatown heißt es, daß dort mehr Menschen ums Leben gekommen seien, als an irgendeinem anderen Ort vergleichbarer Größe in Amerika. Wie eine Hollywood-Kulisse sieht sie heute aus: sauber, mit bunten Neonschildern, ganz auf Tourismus eingestellt. Unter New Yorkern ist die Doyers Street, die an der Bowery abzweigt und eigentlich nur aus einer scharfen Kurve besteht, als »the Bloody Angle«, der blutige Winkel, verschrien.

Chinatown wird seit seiner Gründung in den 1870er Jahren von diversen Banden beherrscht, die den Handel kontrollieren. New York sah sich in den letzten 130 Jahren immer wieder mit den äußerst gewalttätigen Schlachten dieser kriminellen Banden (Tongs) konfrontiert. Inzwischen ist das chinesische Viertel jedoch kein gefährliches Pflaster mehr.

Ihre Rivalitäten trugen die Tongs gegen Ende des 19. Jahrhunderts in ganz Amerika aus. Sie kämpften um die Kontrolle über den Opiumhandel, die Prostitution und illegale Geldspiele. In den 1890er Jahren dominierte in Chinatown die Bande »On Leong«. Zu dieser Zeit war das Viertel ein berüchtigtes Ziel für abenteuerlustige New Yorker, die sich auf »Slumming-Touren« begeben wollten. In den Kellern und Hinterhöfen des chinesischen Viertels besuchten sie die Opiumhöhlen und trafen sich mit Prostituierten, die größtenteils nicht asiatischer Abstammung waren. Die Gentlemen der New Yorker Society fühlten sich von der gefährlichen und exotischen Gegend magisch angezogen.

Um 1900 forderte ein chinesischer Kämpfer namens Mock Duck die rivalisierenden Tongs regelrecht heraus. Mock Duck trug ein Kettenhemd und hatte stets ein Beil und zwei Pistolen bei sich. In den Augen der Chinesen war er eine Art Übermensch, weil er sich geradezu wahnwitzig aufführte. Er hockte sich einfach

Im Stadtteil Chinatown gibt es ein ganzes Labyrinth von unterirdischen Passagen. Anfang des 20. Jahrhunderts dienten sie feindlichen Banden als Fluchtwege.

mitten auf die Straße und ballerte mit einer seiner Pistolen wahllos um sich. Als Anführer der »Hip Sing Tong«, einer Gang, die zum gefährlichsten Rivalen von »On Leong« avancierte, übernahm er bald den größten Teil der Pell und Doyers Street.

Die Doyers Street eignete sich besonders gut als Schlachtfeld. Die Gebäude waren nämlich durch geheime unterirdische Passagen miteinander verbunden. Im 18. Jahrhundert hatte es dort eine Brauerei gegeben, das Bier wurde in kühlen Räumen unter der Erde gelagert. Mit der Zeit war ein verschachteltes Tunnelsystem entstanden, das die Chinesen beim Einzug in dieses Viertel einnahmen. Kleine Falltüren auf der Doyers und der Pell Street sowie den umliegenden Straßen gewährten Eintritt in diese Unterwelt. Plötzlich konnten die chinesischen Kämpfer auftauchen, um jemanden abzuknallen und spurlos wieder zu verschwinden. Vielleicht war es Mock Ducks überragende Vertrautheit mit dem Tunnelsystem, die ihm die Aura der Unverwundbarkeit verlieh.

Einer dieser unterirdischen Gänge verband das Chinese Opera House in der Doyers Street 5 mit den Häusern an der Bowery, in denen die Schauspieler wohnten. Während einer Opernaufführung im August 1905, bei der viele Mitglieder der »On Leong« zugegen waren, stürzten die »Hip Sings« in den Saal und eröffneten das Feuer auf das Publikum. Als sie wieder abzogen, zerrten sie einige ihrer Opfer durch diesen Tunnel in Richtung Bowery, vermutlich um sie als Geiseln in Gefangenschaft zu nehmen. Die Polizei fand von dem Überfallkommando nie eine Spur.

Das unscheinbare Gebäude der Doyers Street No. 5, das nicht mehr als ehemaliges Opernhaus zu erkennen ist, bietet auch heute noch Zugang zu den Tunneln, wenn auch nur zu einem kleinen Teil. Einige der alten unterirdischen Gänge wurden in das vielleicht ungewöhnlichste Shopping-Center New Yorks verwandelt. Sie sind kurz und verschachtelt, immer wieder stößt man auf geschlossene Türen. Überhaupt überkommt einen das unangenehme Gefühl, in eine Privatsphäre einzudringen. Die Strecke von der Doyers Street zur Bowery führt an einem Briefmarkenladen, kleinen Videotheken und einer winzigen chinesischen Sprachschule vorbei. Als ich das erste Mal dort unten langspazierte, hielten die Studenten mitten im Unterricht inne und blickten mir durch die Glasscheibe erstaunt nach. Biegt man um eine Ecke, die anscheinend nicht jedem zugänglich ist, öffnen sich sofort ein paar Türen und man wird höflich gefragt, wonach man denn suche, wobei die Antwort, man folge den Spuren von Mock Duck, nicht unbedingt angebracht ist. Trotz der grellen Lichter haben die Shopping-Tunnel etwas Mysteriöses an sich.

Eine ganz andere Atmosphäre dagegen herrscht in den Einkaufspassagen von Midtown. Täglich drängen sich Tausende von Fußgängern in den unterirdischen Korridoren. Nicht nur vor schlechtem Wetter findet man dort Schutz. Die vielen Geschäfte, die sich in den Tiefgeschossen angesiedelt haben, sind durchaus attraktiv. Da es oberirdisch so gut wie keinen Platz mehr gibt, um neue Läden zu eröffnen, ist es die logische Konsequenz, den Untergrund für kommerzielle Zwecke zu erschließen. Auch in den Tunneln, die von den Wolkenkratzern in Manhattan zur nächsten U-Bahn-Station führen, sind zahlreiche Geschäfte entstanden.

Das Labyrinth unter dem Rockefeller Center gilt als der größte unterirdische Konsumtempel New Yorks. Von den 19 Gebäuden des Rockefeller Center sind 14 unterirdisch miteinander verbunden, so daß man von der 53. Straße bzw. Seventh Avenue bis zur 48. Straße bzw. Fifth Avenue bequem zu Fuß gehen kann, ohne sich dem chaotischen Verkehr aussetzen zu müssen. Bei schlechtem Wetter kann man morgens aus der U-Bahn steigen und sein Büro aufsuchen, mittags sämtliche Besorgungen erledigen und abends wieder nach Hause fahren – alles im Untergrund.

In den Jahren 1999 und 2000 wurde ein großer Teil der Rockefeller-Tunnel renoviert. Die Läden und Restaurants, die vorübergehend schließen mußten, sind größtenteils wieder eröffnet. Dennoch gibt es in der betriebsamen Unterwelt, etwa unter dem Turm der amerikanischen Rundfunk- und Fernsehgesellschaft National Broadcasting Company (NBC), tote Winkel

Fußgängerpassage unter dem Rockefeller Center.

mit verdunkelten Fenstern, die manchmal ein unerwartetes Gefühl von Isolation vermitteln.

Die Geschäfte tragen dazu bei, daß man sich in den U-Bahn-Zugängen bzw. Einkaufspassagen jedenfalls tagsüber relativ sicher fühlen kann. Anders ist das in den Fußgängertunneln, die als reine Verbindungen dienen und daher oft menschenleer sind. Die Kriminalitätsrate fällt dort erheblich höher aus. Um diesem Problem wenigstens ein Stück weit zu begegnen, wurden die meisten dieser Unterführungen mit Kameras ausgestattet.

Ein Tunnel mußte jedoch wegen wiederholter schwerer Überfälle gänzlich geschlossen werden, und zwar der Tunnel unter der Sixth Avenue (Avenue of the Americas), der die beiden U-Bahn-Stationen der 34. und 42. Straße miteinander verband. Weil er Höhenunterschiede aufweist und nicht ganz gerade verläuft, kann man ihn nur schwer überblicken. »Auf dieser Strecke zu patrouillieren, ist ein Horror«, bekannte sogar ein Sprecher der U-Bahn-Gesellschaft MTA. Nachdem im Juli 1990 wieder einmal eine Frau in dem Sixth-Avenue-Tunnel vergewaltigt worden war, verlangte die Polizei, die sich außerstande sah, für die nötige Sicherheit zu sorgen, die Schließung. Bis der Tunnel neun Monaten später abgeriegelt wurde, kam es zu vier weiteren Übergriffen auf Frauen. Er existiert zwar noch, aber nach einem Zugang wird man vergeblich suchen.

Trotz derartiger Probleme gibt es immer noch die in New York einzigartige »Tunnel Street«. Dieser lange Korridor führt im Bezirk Washington Heights zur U-Bahn-Station an der 191. Straße. Obwohl nur für Fußgänger zugänglich, ist er offiziell als Straße registriert. Diese Station ist mit 17 Stockwerken, die man mit einem Aufzug zurücklegt, die am tiefsten gelegene in ganz New York. Der drei Straßenblöcke lange Tunnel erspart das Erklimmen des steilen Hügels, von dessen Gipfel aus die Aufzüge erreichbar sind. In den frühen 90er Jahren war der Tunnel völlig heruntergekommen: Neben Ratten, Autoreifen, Patronenhülsen und anderem Müll stieß man auch auf Matratzen von Obdachlosen, die sich dort niedergelassen hatten. Inzwischen ist er renoviert und wird saubergehalten.

Neben diesen frei zugänglichen Fußgängerpassagen gibt es auch Tunnelverbindungen, zu denen man nicht so ohne weiteres Zugang hat – etwa unter der Columbia University im Nordwesten Manhattans oder unter einem heute teilweise verfallenen Krankenhaus in Staten Island, dem Seaview Hospital, das sich aus mehreren Gebäudekomplexen zusammensetzt.

Die Keller des Seaview Hospital

Das Seaview Hospital besuchte ich zum ersten Mal an einem strahlenden Frühlingstag vor etwa drei Jahren. Über dieses Krankenhaus wußte ich nicht viel. Es liegt im ruhigsten der fünf Stadtteile New Yorks, in dem eine geradezu ländliche Atmosphäre herrscht. Bekannt ist Staten Island, weil sich dort die größte Mülldeponie der Welt befand. Nachdem die »Fresh Kills«-Deponie erst im März 2001 geschlossen worden war, wurde sie kurz nach dem 11. September wieder geöffnet, um den Schutt des World Trade Center aufzunehmen.

Auf dieser eher dörflich anmutenden Insel kann man auch auf Ruinen stoßen. Ein Teil des alten Seaview Hospital wird noch genutzt, acht Gebäude wur-

Das Seaview Hospital in Staten Island, das aus mehreren Gebäudekomplexen besteht und heute teilweise nicht mehr genutzt wird, verfügt über eines der gruseligsten Tunnelsysteme New Yorks.

den allerdings schon vor Jahrzehnten geschlossen. Dazu zählen die vier sogenannten Frauenpavillons, die am Rande des Krankenhausgeländes liegen. Die Fenster sind eingeschlagen, überall bröckelt die Farbe von den Wänden, einige Räume liegen in Trümmern.

Mit 1100 Betten wurde das Seaview Hospital 1913 für die Behandlung von Tuberkulose-Patienten eröffnet. Zur Erforschung der Lungenkrankheit leistete diese Institution einen wichtigen Beitrag: 1952 erfolgten hier die Experimente mit Antibiotika, die es schließlich ermöglichten, daß Tuberkulose heute geheilt werden kann. Dieser Erfolg brachte es mit sich, daß die Zahl der Patienten zurückging und das Krankenhaus in finanzielle Schwierigkeiten geriet. Ob-wohl man den Betrieb teilweise auf die Altenpflege umstellte, gelang es nicht, alle Gebäude instand zu halten. Vier der acht zwischen 1909 und 1911 im Mission-Revival Stil gebauten Pavillons wurden 1972 abgerissen.

Für die Restaurierung der vier noch bestehen Pavillions setzt sich inzwischen die Organisation »Friends of Terra Cotta« ein. In den obersten Stockwerken befinden sich ungewöhnliche Wandbilder aus holländischen Kacheln. Sie zeigen Ärzte, Krankenschwestern und Patienten sowie Seemotive mit Muscheln und Meereswellen. Die Kacheln wurden von der Firma Joost Thooft & Labouchere in Delft, Holland, hergestellt und gelten als Meisterwerke der Keramikkunst.

Alle vier Pavillons sind durch einen langen Tunnel miteinander verbunden, von dem weitere unterirdische Gänge abzweigen. Diese erstrecken sich über weite Teile des Krankenhausgeländes. Einer führt bis zum alten Pathologie-Gebäude, was man an den kleinen Belüftungsschächten erkennt, die sich auch oberirdisch verfolgen lassen.

Schon beim Abstieg im engen Treppenhaus kam mir kühle Luft entgegen, die nicht nur modrig, sondern auch leicht süßlich und metallisch roch. Die Kellerräume waren leer, fensterlos und niedrig. Ich stieß auf eine Treppe, die weiter in die Tiefe führte. Links war der Tunnel hell erleuchtet, rechts stockdunkel. Da, wo das Licht brannte, verliefen Dampf- und Wasserleitungen. Es war ganz still, aber ich hatte das Gefühl, je-

Im Dachgeschoß der Ruinen des Seaview Hospital finden sich Mosaike einer holländischen Keramikfirma vom Beginn des 20. Jahrhunderts.

den Moment könnte irgendwo eine Tür aufgehen. Irgend jemand mußte die Beleuchtung ja angeschaltet haben.

In einem anderen Tunnel, der links abzweigt, stand ich plötzlich vor einer Tragbahre, die sehr verrostet war. Das Ende des Gangs konnte man nicht erkennen. Von der Decke hingen altertümliche Lampen, in denen ein schwaches orangenes Licht flackerte. Die Wände, aus denen lange Nägel ragten, waren feucht und

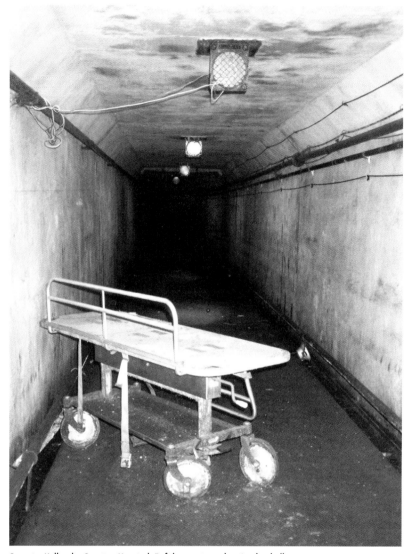

Gang im Keller des Seaview Hospital. Er führt zu einer alten Leichenhalle. Auf der Bahre wurden vermutlich die Toten transportiert.

Pfeil in die Richtung, aus der ich gerade gekommen war. Die Doppeltüren führten also in das Leichenhaus. Die Tragbahre vor mir sah ich nun mit anderen Augen. Sicher wurden auf ihr keine lebenden Patienten durch den Gang geschoben.

Ich kehrte in den langen Tunnel zurück und folgte den Dampfleitungen in die andere Richtung, wo es stockdunkel war. Im fahlen Licht meiner Taschenlampe tapste ich immer weiter geradeaus und ahnte schon, daß ich im Keller des äußersten Gebäudes landen würde. Dort befand sich früher wohl die Wäscherei. Das schloß ich aus den schmalen Gleisen auf dem Fußboden. Mit kleineren Wagen wird man die Wäsche von Gebäude zu Gebäude transportiert haben. Als ich mich ein wenig umschaute, bemerkte ich drei kleine, fensterlose Zimmer. In einem lag eine alte Matratze auf dem Boden. Mich gruselte es bei dem Gedanken, daß dort jemand schlafen könnte. Am Ende des Tunnels befand sich ein winziger Abstellraum, in dem Wasser stand und allerlei Schrott lag. Aus dem schwarzen Wasser ragte der Arm einer kleinen Puppe hervor.

Nachdem ich die Tunnel wieder verlassen hatte, plante ich, bald an diesen unheimlichen Ort zurückzukehren. Doch es sollte etwa ein Jahr vergehen, bis ich das Seaview Hospital wieder aufsuchte. Mit Freude stellte ich fest, daß sich in der Zwischenzeit nichts verändert hatte. Die Krankenbahre stand unverrückt am selben Platz. Ich war erstaunt darüber, daß es in einer turbulenten Stadt wie New York noch Orte gibt, an denen die Zeit einfach stehenzubleiben scheint.

schimmlig. Sie sahen aus, als wären sie von einer Hautkrankheit befallen. Am Ende des Ganges stieß ich auf geschlossene Doppeltüren mit kleinen Glaseinsätzen, die in einen beleuchteten Bereich führten, der offensichtlich noch genutzt wurde und in den ich nicht eindringen wollte. Auf dem Rückweg entdeckte ich neben der Bahre einen mit Bleistift gekritzelten Hinweis aus dem Jahr 1969: »To the Morgue«. Darunter wies ein

Das Tunnelsystem der Columbia University

Durch eine kleine Seitentür im Erdgeschoß des Gebäudes der Philosophischen Fakultät der Columbia University gelangt man in einen Keller, der auch nachts hell beleuchtet ist. In dem Raum, den ich zusammen mit Steve Duncan von der Treppe aus erreichte, standen wir vor rätselhaften Maschinen. Aus allen Ecken brummte es. Links war eine kleine, unscheinbare Tür, die in einen so engen Gang führte, daß man Platzangst bekommen konnte. Er gehörte offensichtlich zum Archiv der Low Library, der Universitätsbibliothek. Rechts öffnete sich ein schmaler, aber sehr langer Raum, in dem sich Leitungsrohre, Ventile und Schalter befanden. Dort war es warm und feucht, auf dem Boden hatten sich ein paar Pfützen gebildet. Beide Richtungen schienen interessant zu sein, aber lange nicht so verlockend wie die morsche Leiter, die an einer Wand lehnte. Sie führte zu einer winzigen Klapptür direkt unter der Decke.

Neugierig kletterten wir die Leiter hoch. Die kleine, geheimnisvolle Tür entpuppte sich als Eingang zu einem stockdunklen, engen Korridor, der unterirdisch zum nächsten Gebäude führte. In diesem Tunnel war es plötzlich wahnsinnig heiß. Auf einer Seite lagen die angenehm kühlen Backsteinwände, die im Licht der Taschenlampe uralt aussahen, auf der anderen Seite die Dampfleitungen, an denen man kaum vorbei kam. Zum Glück erreichten wir schnell das nächste Gebäude. Über eine halb verfallene Leiter, die zwischen einem Gewirr von eingerosteten Rohren stand, stiegen wir in den ältesten Teil der renommierten Universität – die frühere Irrenanstalt.

Die Columbia University – eine weltberühmte Stätte der Lehre und Forschung im Norden Manhattans, die mehr als 50 Nobelpreisträger hervorbrachte und neben Harvard, Princeton und Yale zu den besten Universitäten Amerikas zählt. Kaum bekannt ist, daß der elegante Campus auf den Trümmern der Bloomingdale-Irrenanstalt gebaut wurde und sich über einem der größten privaten Tunnelsysteme Amerikas erhebt.

Die psychiatrische Anstalt war zunächst im Keller des naheliegenden New York Hospital untergebracht. Man mag sich kaum vorstellen, wie es in einer der ersten Irrenanstalten Amerikas zuging. Zu dieser Zeit wurden geisteskranke Patienten wie Tiere an die Wand gekettet und meistens einfach vergessen. 1821 zog die Abteilung in ein eigenes Gebäude in Morningside Heights, etwa an die Stelle, wo sich heute 115. Straße und Amsterdam Avenue kreuzen. Diese Gegend war damals ausgesprochen ländlich; Wiesen und Felder wechselten sich ab, nur hier und da stand eine Farm oder eine Villa.

Nachdem die Irrenanstalt in den 1890er Jahren nach Westchester verlegt worden war, wollte Seth Low, Präsident der Columbia University, auf dem Gelände ein akademisches Dorf errichten. Die Architektur sollte an die italienische Renaissance anknüpfen. Das erste Gebäude, das auf dem neuen Areal entstand, war die

Das Gelände der alten Bloomingdale-Irrenanstalt. Hier entstand in den 1890er Jahren der Campus der Columbia University. Ein Teil der weitverzweigten Kellergewölbe blieb erhalten.

Blick auf den Campus der Columbia University heute.

imposante Low Library, die Universitätsbibliothek. Sie wurde direkt neben dem ehemaligen Verwaltungssitz der Irrenanstalt gebaut. Dieses älteste Haus des Columbia-Komplexes, die Buell Hall, wurde im Laufe der Bauarbeiten um einige Meter versetzt.

Die heute 71 Gebäude zwischen Broadway und Amsterdam Avenue sowie der 114. und 120. Straße sind bis auf wenige Ausnahmen durch unterirdische Gänge unterschiedlichen Alters verbunden. Dieses Tunnelsystem gehört nach dem des Massachusetts Institute of Technology (MIT) zum größten und wohl berühmtesten einer Universität in Amerika.

Eine wichtige Rolle spielte das Tunnelsystem im Rahmen des Manhattan-Projektes, dem amerikanischen Atombombenprojekt. Bereits vor dem Zweiten Weltkrieg kamen Wissenschaftler der Columbia University zu bahnbrechenden Forschungsergebnissen in der Kernphysik, unter ihnen der italienische Physiker Enrico Fermi, der auf dem Gebiet der Radioaktivität arbeitete. Auf der Grundlage der Experimente im Keller der Pupin Hall, dem Sitz der Fakultät für Physik, gelang die erste Kernspaltung in Amerika. Von der Columbia University wurde das Manhattan-Projekt nach Chicago und schließlich nach Los Alamos verlegt. Dort entwickelte und baute man dann die Atombomben, die Hiroshima und Nagasaki zerstörten.

Durch die Tunnel der Columbia University wurden den Aussagen ehemaliger Studierender zufolge die radioaktiven Substanzen transportiert, die man für Forschungszwecke benötigte. Auch von kleineren Unfällen wurde berichtet. Tatsachen und Legenden lassen sich allerdings nur schwer auseinanderhalten.

Größere Berühmtheit erlangten die Tunnel bei einem zweiten historischen Ereignis, den Studentenpro-

Versorgungsleitungen unter der Columbia University.

testen. Bis in die 1960er Jahre wurden die unterirdischen Gänge vor allem bei schlechtem Wetter genutzt, um trocken von einem Gebäude zum nächsten zu kommen. Die meisten Studierenden kannten sich in dem weitläufigen System daher ganz gut aus.

Als 1968 Tausende Studierende gegen den Vietnamkrieg protestierten, verbarrikadierten sich viele tagelang in den Gebäuden auf dem Campus. Zentrum dieser Aktion war die Hamilton Hall, u. a. Sitz der Universitätsverwaltung. Durch die Tunnel konnten die Demonstranten zwischen den Gebäuden hin und her wandern, Informationen austauschen und Vorräte befördern. Doch bald erkannte man, daß die Polizei von der Öffentlichkeit unbemerkt durch die unterirdischen Gänge ins Innere der Gebäude vordringen könnte. Um dem entgegenzuwirken, blockierten die Demonstranten auch die Tunnel so gut sie konnten.

Daß die Sicherheitskräfte dennoch irgendwann die Oberhand gewinnen würden, war eigentlich allen klar. Einer der Studierenden, Frank da Cruz, erklärt die Motive der Demonstranten heute so: »Wir unternahmen alles, um die Tunnel zu unseren Gebäuden zu blockieren. Wir wollten, daß die Polizei vor den Augen der Weltöffentlichkeit in die von uns besetzten Gebäude eindrang. Wären sie durch die Tunnel gekommen, hätten sie ihre Knüppel sicher mit noch größerer Brutalität geschwungen.« Ein gut ausgeheckter Plan: Als die Barrikaden schließlich gewaltsam von der Polizei durchbrochen wurden, war die Presse dabei. *Time Magazine*, *Life Magazine* und viele andere Medien veröffentlichten dramatische Fotos von blutüberströmten Studierenden.

Nach diesen Vorfällen riegelte die Universitätsverwaltung die Tunnel endgültig ab. Wie sich später zei-

Die spannendste Frage ist, was im Rahmen des Manhattan-Projektes an der Columbia geschah. Ein Student will in den Tunneln sogar angereichertes Uran gefunden und nach Hause mitgenommen haben. »Mir wurde die Geschichte so erzählt«, berichtete zum Beispiel ein Student namens Adam: »Die Detektive untersuchten sein Zimmer mit Geigerzählern. Die registrierten etwas genau neben dem Bett seines Mitbewohners, mit dem er sich wohl nicht so gut verstand. Sie fanden das Uran in dem Wecker!« Besonders glaubwürdig klingt das freilich nicht. Das gleiche gilt für andere seltsame Funde, die sich Studierende zuschreiben. Steve, der einst an der Columbia studiert hat, kennt sich im Tunnelsystem des Universitätskomplexes gut aus. Die Gerüchte über die Spuren des Manhattan-Projektes amüsieren ihn.

Mit ihm kletterte ich nun über die Leitungen und durch eine Luke in den Keller des alten Irrenhauses. Die Luke war die einzige Lichtquelle, der enge Gang, der sich von uns aus zu beiden Seiten erstreckte, lag im Dunkeln. Steve und ich stapften in unterschiedliche Richtungen, was ich sofort bereute, als ich einer

gen sollte, gelang das allerdings nicht so recht, denn Schlupflöcher und Fluchtmöglichkeiten gab es nach wie vor. Was damals noch niemand wußte: Viele unterirdische Bereiche waren von Asbest verseucht, der erst in der 80er und 90er Jahren entfernt wurde.

Daß sich der akademische Nachwuchs auch weiterhin in den Tunneln herumtrieb, versteht sich von selbst. Sie nutzten die Gänge allerdings weniger als Abkürzung zwischen den Gebäuden. Vielmehr versuchten sie, den vielen Gerüchten, die rund um die Unterwelt der Columbia University kursierten, auf den Grund zu gehen. In diesem Zusammenhang muß man wissen, daß die Erforschung der College-Tunnel ein Studentensport ist, der sogar einen Namen hat: »Vadding«.

Keller der einstigen Irrenanstalt, der noch heute von der Columbia University genutzt wird (oben). Ein alter Korridor unter dem universitätseigenen Kraftwerk (rechts).

riesigen Ratte begegnete, die vor dem Licht meiner Taschenlampe floh.

Während des Rundgangs, bei dem ich mich teilweise bücken mußte, weil die Decke sehr niedrig ist, konnten wir die Stellen ausmachen, an denen das Gebäude seit seiner Versetzung durch Säulen gestützt wird. Auf dem Boden lag noch zerbröckelter Putz. Als wir uns wieder trafen, erkannten wir, daß dieser Keller älter sein mußte als alle anderen der Universität. Aus einem Stück Mauer, das Steve mir zeigte, guckten ein paar dicke Haare heraus: Pferdehaare, die seinerzeit dem Putz beigemengt worden waren. Durch den Anblick dieses seltsamen kleinen Brockens fühlten wir uns um ein Jahrhundert zurückversetzt.

Der Keller schien seit Jahrzehnten völlig unberührt. Nur die kleinen Schilder, die in der Nähe der Luke an einigen Rohren kleben und die Aufschrift »Asbestos-free insulation« tragen, wiesen darauf hin, daß jemand nach der Asbest-Sanierung in diesem Bereich gewesen sein mußte. Auffällig war auch, daß es dort wie im größten Teil des Tunnelsystems keine Graffiti gab. Steve erklärte:

Heizungsrohre in den alten Kellerräumen der Columbia University.

»Die meisten Columbia-Studenten sind Streber. Die haben keinen Sinn für Graffiti-Kultur. Die einzigen Schriften, auf die man an dieser Universität stößt, sind Zitate von J. R. Tolkien – Zitate aus ›Der Herr der Ringe‹.«

Um weiterzukommen, mußten wir wieder durch die Luke steigen und uns an den heißen Röhren vorbeischieben. Nach einem kurzen Stück erreichten wir ein ganzes Labyrinth von Tunneln. Überall zweigten weitere Gänge ab. Wir stießen auf alte, aus Backstein gemauerte Gewölbe, futuristisch anmutende, silberleuchtende Kammern, in denen Klimaanlagen surrten, unscheinbare Korridore, die verriegelt waren oder durch die dicke, bunt angemalte Rohre verliefen, enge Schächte, in denen wir nur langsam vorankamen, tiefe, spärlich beleuchtete Hohlräume, in denen teilweise Wasser stand.

Es war schon merkwürdig, sich eine Zeitlang durch einen dunklen, matschigen Gang zu tasten und dann eine Tür zu öffnen, die in einen öffentlich zugänglichen Teil der Universität führt. So standen wir plötzlich in einer kleinen Cafeteria, in der selbst zu später Stunde noch Leute saßen. Dort sah ich mich jungen Studentinnen gegenüber, die angewidert auf meinen verdreckten Mantel blickten. Bevor die Reise durch die Eingeweide der Columbia weiterging, konnten wir uns wenigstens eine Flasche Wasser besorgen.

Am eindrucksvollsten war der riesige Keller unter dem hauseigenen Kraftwerk. Dort kracht, zischt, ächzt und dampft es aus allen Ecken. Der große Raum erinnerte mich an die Fabrik in Fritz Langs Film »Metropolis«. Die Maschinen schienen von ferner Hand gesteuert zu arbeiten. Ruhiger wurde es erst, als wir uns wieder in einen der zahlreichen Gänge begaben – alt, brüchig, und voller Pfützen. Die Gleise für die Transportwägelchen lugten nur noch hier und da unter der feuchten Dreckschicht hervor.

Kurz vor dem Ausstieg kamen wir an den Tolkien-Zitaten vorbei, die Studenten vor Jahren an die Wand gekritzelt hatten. Kann man die mehrstündige Odyssee durch die Unterwelt der Columbia University überhaupt mit einer Reise durch die »Minen von Moria« vergleichen? Eigentlich nicht. Steve las die Zitate und schüttelte lächelnd den Kopf. Aber etwas erleichtert schien er doch, daß er wieder einmal heil dem Labyrinth im Untergrund entkommen ist.

Labyrinthe und Gewölbe

Der Untergrund des World Trade Center

Am Morgen des 11. September 2001 befand sich ein Mann, den wir hier Elliott nennen wollen, auf dem Weg zu seinem Büro in Midtown. Als er in Brooklyn in den Zug stieg, wußte er schon, daß ein Flugzeug in einen der Türme des World Trade Center geflogen war. Was dann folgen sollte, konnte er jedoch nicht ahnen. Mit der Linie 4 fuhr er wie immer in Richtung Südspitze Manhattans. Unterwegs kam die Ansage, daß der Zug wegen der »morgendlichen Ereignisse« nicht an der Station Fulton Street halten würde.

Gerade erst hatte Elliotts Zug an der Station Wall Street gehalten, war also nur eine Straße vom World Trade Center entfernt. Als der Zug den Bahnhof verließ, stürzte der erste Turm in sich zusammen. »Schlagartig änderte sich der Luftdruck – wir fühlten das in unseren Ohren«, erzählt er. Was passiert war, wußten die Passagiere jedoch nicht. »Die Türen rüttelten in den Rahmen. Dann wurde die Notbremse gezogen. Der Zugführer rief mit panischer Stimme durch die Lautsprecher: ›Alle Passagiere zum Notausstieg! Sofort nach vorne kommen!‹ Ich war im letzten Waggon; alle sprangen auf und liefen in Richtung Zugspitze.«

Die einzelnen Wagen der New Yorker U-Bahn sind durch Türen miteinander verbunden, die man normalerweise nicht benutzen darf. In Notsituationen wie dieser können sie lebensrettend sein. Elliott hatte gerade das nächste Abteil erreicht, als eine neue Ansage kam: Man solle sich sofort nach hinten begeben, vorne gäbe es eine dunkle Rauchwolke, die sich immer mehr verdichte.

»Ich ging wieder zur hinteren Tür und blickte aus dem Fenster: Auch dort kam uns eine dunkle Wolke entgegen. Die Lichter im Tunnel waren ausgegangen.«

Die Klimaanlage des Zuges wurde ausgeschaltet, um den Rauch nicht ins Innere der Abteile zu leiten. Auf einer Bank vor Elliott saß ein Mann, der ihm in die Augen blickte und sagte: »Wir werden alle sterben.« Diesen letzten Wagen hatte nun auch der Zugführer erreicht. Er sah durch das Fenster die Rauchschwaden, fluchte, und versuchte per Funk, das Kontrollzentrum zu erreichen. Vergeblich. Der Zugführer wurde panisch. Er brüllte in sein Funkgerät, wo zum Teufel die Hilfe bliebe, die man ihm versprochen habe – jemand müsse sofort die Notausgänge an der Station Fulton Street öffnen, damit er die Passagiere aus dem rauchenden Tunnel evakuieren könne.

Elliott berichtet weiter: »Der Zugführer erhielt dann schließlich die Anweisung, den Zug zurückzusetzen, also rückwärts in die Wall Street Station zu fahren.« Um von der hinteren Kabine aus den Zug steuern zu können, brauchte er jedoch den Schlüssel, der noch vorne steckte. Doch er wollte die inzwischen fast hysterischen Passagiere nicht allein lassen. Der Schaffner war über Funk nicht auszumachen. »In diesem Moment kam uns ein anderer Zugabfertiger, der eine Gasmaske trug, auf den Gleisen entgegen. Nachdem er den Schlüssel besorgt hatte, bewegten wir uns endlich in Richtung Wall Street.«

Doch dann wurden die Nothebel auf den Gleisen aktiviert, mit denen Züge im Fall eines Stromausfalls gebremst werden. Damit wußten alle, daß die Energieversorgung unterbrochen war. Derweil füllte sich der Tunnel immer mehr mit Rauch. Als der letzte Waggon, nun der erste, die Wall Street erreicht hatte, öffnete der Zugführer die Notausgänge auf dem Bahnsteig. »Er rief uns zu, daß wir die Station so schnell wie

Trümmerhaufen des World Trade Center wenige Tage nach den Terroranschlägen vom 11. September 2001.

möglich verlassen sollten. Wir rannten los – niemand wußte, was passiert war, alle wollten raus. Auf der Straße standen wir wieder im Staub. Es war stockfinster, man konnte kaum atmen. Viele begriffen gar nicht, daß sie schon oben waren.«

Helfer riefen den durcheinanderlaufenden Menschen zu, sie sollten in den Eingängen der nächsten Gebäude Schutz suchen, dort könne man besser atmen. Elliott zog sich sein Hemd über den Mund und folgte der Anweisung. »Erst jetzt erfuhr ich, daß einer der Türme des World Trade Center eingestürzt war. Gott sei Dank gab es in dem Gebäude, in dem ich mich befand, ein Telefon, so daß ich meine Familie benachrichtigen konnte.«

Die Bilder dieses Ereignisses gingen um die ganze Welt: Zwei von Terroristen gesteuerte Flugzeuge waren in die beiden Türme des World Trade Center gerast, die kurze Zeit später zusammenbrachen. Fast 3000 Menschen fanden den Tod. Mehr als 20 Gebäude in der unmittelbaren Umgebung wurden zerstört oder beschädigt. Der Schutt der Twin Towers war sechs Stockwerke hoch. Daß Teile der unterirdischen Fundamente der Gebäude verhältnismäßig gut erhalten blieben, erscheint wie ein Wunder.

New York gilt als Stadt der Wolkenkratzer schlechthin. Der Wettbewerb um das höchste Gebäude symbolisiert den Wettbewerb um Macht und Einfluß. Der Mythos Manhattan ist aufs engste mit seiner eindrucksvollen Skyline verbunden. Beim Anblick der Wolkenkratzer denkt man jedoch kaum an das, was im Untergrund in Gang gesetzt werden muß, damit im fertigen Gebäude überhaupt etwas funktioniert – von den Strom- und Telefonkabeln bis zu den Wasserleitungen.

Ein hohes Gebäude kann man nur bauen, wenn es sich fest im Grund verankern läßt. In New York werden die Wolkenkratzer zumeist auf ausgesprochen solidem Granit errichtet. Im Finanzviertel, wo die ersten Hochhäuser entstanden, verbirgt er sich allerdings unter Ablagerungen, die sich über die Jahrhunderte an der Südspitze Manhattans gebildet haben: Steine, Überreste von alten Kellern, morsche Bretter und Bauschutt, sogar Teile von alten Schiffen und Piers findet man beim Graben. An anderen Stellen haben es die Bauingenieure leichter. Unter dem Rockefeller Center beispielsweise stieß man bereits drei Meter unter der Oberfläche auf den Granit, der teilweise gesprengt werden mußte, um überhaupt Tiefgeschosse bauen zu können, in denen die Haustechnik untergebracht ist.

In einem Artikel in der Technical World, der 1905 unter der Überschrift »Underground New York« erschien, wird beschrieben, was alles im Kellergeschoß eines typischen Bürogebäudes an der Nassau Street in Manhattan zu Beginn des 20. Jahrhunderts untergebracht werden mußte: »Auf dem vierten unterirdischen Stockwerk dieses Gebäudes, zehn Meter unter dem Meeresspiegel, befinden sich acht große Dampfkessel mit einer Leistung von mehr als 3000 PS; eine zehn Tonnen schwere Eismaschine; fünfzehn Pumpen für das Löschwasser; drei Stromerzeuger; zwei große Heizungsanlagen für die Warmwasserkessel; Motoren; Gleichstromerzeuger; eine elektrische Belüftungsmaschine; automatische Abwasserpumpen; und Förderbänder für die Asche aus den Öfen.«

Bereits in den 1860er Jahren, nachdem der Fahrstuhl erfunden worden war, wurden im Finanzviertel die

Vom Einsturz des World Trade Center in Mitleidenschaft gezogenes Nachbargebäude.

ersten mehrstöckigen Häuser gebaut. Mit seinen zehn Etagen zählte das 1875 entstandene Western Union Building zu den spektakulärsten. Übertroffen wurde es 1889 vom 94 Meter hohen Pulitzer Building. Das Granitfundament war so tragfähig, daß man im Keller 500 Tonnen Papier für die verlagseigene Druckerei einlagern konnte.

Gegen Ende des 19. Jahrhunderts begann ein regelrechter Wettbewerb um den Bau der höchsten Gebäude. Stahlskelette ermöglichen es, noch mehr Stockwerke auf noch kleineren Fundamenten zu errichten. Das Manhattan Life Building war der erste Wolkenkratzer, bei dem man die Grundpfeiler mit Druckluftsenkkästen verankerte. Auch in anderen Vierteln ragten bald Türme in den Himmel. Das Flat Iron Building (1903) und der Times Tower (1904) beherrschten lange Zeit die Skyline nördlich von Downtown.

Bau des Fundaments für das United State Custom House um 1901 (oben). Das Woolworth Building in Downtown, Manhattan, (rechts) wurde 1913 eröffnet und war seinerzeit das höchste Gebäude New Yorks. Beim Bau der Fundamente mußte man 69 Betonsäulen 35 Meter tief in den Boden einlassen.

Beim Bau des neogotischen Woolworth Building am Broadway 1913 mußte man die damals modernsten technischen Errungenschaften aufbieten, um die Fundamente zu verankern. Die tragfähige Steinschicht lag mit durchschnittlich 35 Metern unter der Straßenfläche so tief, daß 69 Betonsäulen mittels Senkkästen durch Lehm, Kies und Grundwasser in den Boden geführt werden mußten. Die Stahlpfeiler des Wolkenkratzers ruhen immer noch auf diesen Säulen und tragen das etwa 223000 Tonnen schwere und 241 Meter hohe Gebäude.

Der Wettbewerb spitzte sich zu, als nahezu gleichzeitig das Chrysler Building und, an der Stelle des alten Waldorf Astoria Hotel, das Empire State Building entstanden: Der Chrysler-Turm war mit 319 Metern nur vier Monate das höchste Gebäude New Yorks, bis ihm das Empire State Building 1931 den Rang ablief. Mit einer Höhe von 381 Metern blieb es bis zum Bau des World Trade Center unübertroffen. Das 365000 Tonnen schwere Gebäude ist in stabilem Granit 16,7 Meter tief unter der Straße verankert.

»Der Bau vieler Fundamente, etwa das des Empire State Building, ist Routine-Arbeit und daher wenig spektakulär«, bemerkte der Experte Robert White gegenüber einem Journalisten des *New Yorker* während

einer Besichtigung der Baustelle für das World Trade Center. »Eine einstöckige Tankstelle in einem Sumpfgelände wäre interessanter. Aber auf einem aufgeschütteten Boden wie es dieser ist, da hat man nur Kummer.«

Warum wollte die Port Authority auch ausgerechnet hier, an der westlichen Seite der Südspitze Manhattans, die größten Wolkenkratzer der Welt errichten? Dort hatte sie in den frühen 1960er Jahren ein großes Areal gekauft, auf dem sich viele baufällige Häuser, aber auch ihr eigener Hauptsitz befanden. Die Hafengesellschaft hatte den alten Bahnhof der Hudson & Manhattan Railroad übernommen und betrieb dort die PATH-Züge in Richtung New Jersey. Der Bahnhof sowie 163 andere Gebäude sollten einem neuen Großprojekt, dem World Trade Center, weichen.

New York mußte die finanzielle Misere überwinden, in die es Anfang der 60er Jahre geraten war. Die wirtschaftliche Lage der Stadt hatte den neuralgischen Punkt überschritten. Die Kriminalität war hoch, die Stimmung gedrückt. Durch die beiden Zwillingstürme sollte die Stadt wieder auf die Beine kommen, das World Trade Center zu einem Symbol für die Wiederauferstehung der Weltstadt werden.

Man plante zwei Gebäude aus Stahlpfeilern, zwischen denen ein 20 000 Quadratmeter großer Platz für Ausgewogenheit sorgen sollte. Insgesamt betrug die

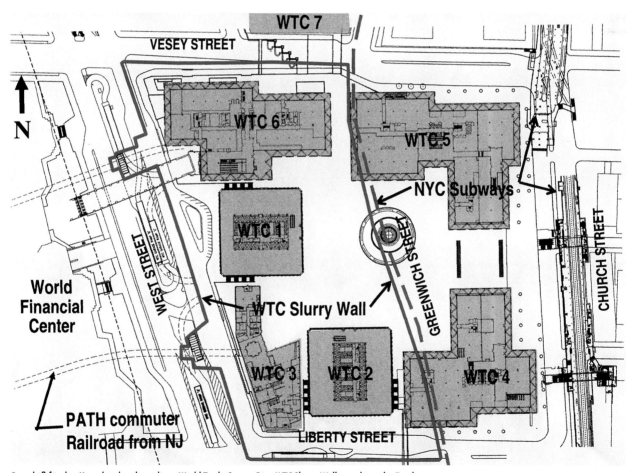

Grundriß für den Komplex des ehemaligen World Trade Center. Die »WTC Slurry Wall« markiert die Fundamentwanne.

Bau der sogenannten Bathtub Mitte der 1960er Jahre, in der das World Trade Center ruhte.

Baufläche rund 76 000 Quadratmeter. Mit der architektonischen Ausgestaltung wurde der japanische Architekt Minoru Yamasaki beauftragt.

In den Verhandlungen mit der Stadt über die Baugenehmigung vereinbarte die Port Authority, daß sich die Südspitze Manhattans um fast 100 000 Quadratmeter vergrößern würde. Die für die Fundamente ausgehobene Erde sollte in einen Kofferdamm im Hudson geschüttet werden. Der Boden, auf dem die Wolkenkratzer entstehen sollten, war über die Jahrhunderte auf ähnliche Weise aufgeschüttet worden. Der »natürliche« Prozeß der Vergrößerung Manhattans würde durch den Bau der Fundamente für das Handelszentrum im Zeitraffer fortgesetzt.

Am 21. März 1966 begann die Firma Ajax Wrecking and Lumber mit dem Abriß der ersten Häuser an der Dey Street. Gleichzeitig befaßte man sich mit der Frage, wie man die beiden riesigen Stahltürme und die anderen Gebäude des Handelskomplexes in dem lockeren, ständig überfluteten Erdboden verankern könnte. 21 Meter tief lag dort der Granit, auf dem die Fundamente errichtet werden mußten. Hinzu kam, daß der Hudson River die Baugrube überfluten würde. Die Wassermenge, mit der man rechnete, abpumpen zu können, war unrealistisch. Außerdem mußte das Fundament eine Last von fast 1,2 Million Tonnen tragen. Die herkömmlichen Verfahren für den Bau von Wolkenkratzern in Manhattan konnten, das war allen Beteiligten sehr schnell klar, also nicht angewendet werden.

Man mußte deshalb neue Wege gehen und beschloß, zunächst ein gigantisches Betonbecken, kurz »Bathtub« genannt, anzufertigen, das eine Art Damm bildete. Dies sollte verhindern, daß Wasser oder Erde in die Baugrube einbrachen. Erst wenn das fertiggestellt war, wollte man die Erde bis zum Granitboden ausheben.

Um das ganze Areal wurde also ein segmentierter Graben gezogen. Die einzelnen Segmente waren je einen Meter breit, 6,6 Meter lang und 20 Meter tief.

Im Rahmen der Aushubarbeiten für das Fundament des World Trade Center mußten die Tunnelröhren für die Regionalzüge nach New Jersey, die durch das Areal verliefen, aufwendig abgestützt werden.

Die Fundamentwanne, nachdem die Trümmer des World Trade Center abgetragen waren (oben). Von kleineren Schäden abgesehen (unten), blieb die Bathtub unversehrt.

Diese Schächte füllte man zur vorübergehenden Stabilisierung mit einer Mischung aus Bentonit und Wasser, dann versenkte man perforierte Stahlkörbe. In diese Stahlkörbe spritzte man schließlich Beton, das beim Absinken die leichtere Bentonitmischung an die Oberfläche spülte, wo sie abgesaugt wurde. So entstand nach und nach die aus 158 Segmenten bestehende gigantische Bathtub. Das ganze Unterfangen nahm rund 14 Monate in Anspruch.

Nun konnte das Becken ausgehoben werden. Für die 756 000 Kubikmeter Erde, die dabei anfielen, wurde im Hudson River an der Südspitze Manhattans eine durch fast

Das World Trade Center prägte seit seiner Fertigstellung die Skyline Manhattans und galt als Wahrzeichen der amerikanischen Metropole.

20 Meter breite Kofferdämme begrenzte große Fläche geschaffen. Rund 200 Meter weit erstreckte sich das künftige Gelände der Battery Park City in den Fluß. Dort mußten auch die gesamten Leitungen für Strom, Wasser, Dampf, Telefone und Abwasser gelegt werden.

Wie der Bau der Bathtub selbst waren auch die Aushubarbeiten eine technische Herausforderung. Man mußte nämlich zahlreiche Versorgungsleitungen verlegen, darunter die Hotline zwischen Washington und Moskau für den Krisenfall. Viel größere Schwierigkeiten bereiteten jedoch die PATH-Tunnel der alten Hudson & Manhattan Railroad, die mitten durch die Bathtub verliefen. Rund 1000 Züge beförderten täglich etwa 80 000 Passagiere zwischen New Jersey und Downtown. Es war ausgeschlossen, den Betrieb auf dieser Linie auch nur vorübergehend zu unterbrechen. Also mußten die Tunnel wohl oder übel durch eine aufwendige Konstruktion gestützt werden.

Der Anblick der regelrecht in der Luft hängenden Tunnelröhren muß fantastisch gewesen sein. Seit der Jahrhundertwende ruhten sie unter der Erde und hatten nie das Tageslicht gesehen. Die eisernen Zylinder wurden von den Arbeitern aus der Erde geschält und nur durch Stahlträger gehalten. Ideal war das nicht. Das Rattern der Züge durch die freigelegten Tunnel verursachte einen wahnsinnigen Lärm. Da die Sonne auf die Baustelle knallte und sich der Eisenmantel ausdehnte, mußte man die Röhren seitlich aufschlitzen, damit keine gefährlichen Risse entstanden. Nachdem ein Zugführer bei dem plötzlichen Anblick eines Sonnenstrahls auf den Gleisen den Zug schlagartig gebremst hatte, wurden die Schlitze überdeckt. Die meisten Passagiere ahnten jedoch nichts von der ungewöhnlichen Tunnelkonstruktion während der ersten Bauphase – und so war es auch geplant.

Bei den Aushubarbeiten kamen auch Relikte aus vergangenen Zeiten zu Tage: Münzen, Flaschen, Geschirr, Kanonenkugeln, eine 1884 vergrabene Zeitkapsel und zerfledderte Schuhe, die auf dem linken oder rechten Fuß getragen werden konnten und aus den Jahren vor 1865 stammen sollen, wie Archäologen ermittelten. Auch zu Beginn des 20. Jahrhunderts als vermißt gemeldete Gegenstände konnten wieder aufgetrieben werden. »Der alte Charlie Schmidt«, so die *New York Post*, »dem ein Tagesgehalt abgezogen wurde, als er 1904 beim Bau der Hudson-Tunnel sein Werkzeug verlor, kann endlich ruhen. Das Werkzeug ist aufgetaucht.« Ebenso ein riesiger Anker, den 19 Männern aus der Baugrube schleppen mußten und der später im sechsten Untergeschoß des World Trade Center seine letzte Ruhestätte fand. Weitere Teile der »Tijger«, das Schiff, auf dessen Bug man 1916 beim Bau der Station Cortlandt Street gestoßen war, konnten allerdings nicht ausfindig gemacht werden.

Sieben Stockwerke tief war der unterirdische Bereich der neuen Gebäude, in dem große Garagen, Ladenpassagen und die gesamte Haustechnik untergebracht wurden. Dort entstanden auch neue Stationen für die U-Bahn und die PATH-Linien.

Als das World Trade Center endlich fertiggestellt war, zeigten sich selbst New Yorker, die dem ganzen Projekt skeptisch gegenüberstanden, beeindruckt. Die schlichten, mit Edelstahl verkleideten Türme prägten fortan die Skyline Manhattans. Mit einer Höhe von 415 und 417 Metern und 110 Stockwerken überragten sie triumphierend alle Gebäude der Welt. Drei Kilometer lange Schatten warfen die Twin Towers bei Sonnenuntergang.

Halt gab den Türmen der innere Kern, der wie ein überdimensionaler Stab im Boden verankert war, und die Außenhülle aus Stahl, eine Art hohler Vierkant. Hätte man diese Stahlkonstruktion mit Beton ummantelt, wäre das World Trade Center am 11. September 2001 vielleicht nicht so schnell in sich zusammengesunken. Im Kern der Türme befanden sich die Aufzüge, die Treppenhäuser und Versorgungsschächte. Um den Kern herum waren die Büroräume angeordnet. Jeder der beiden Türme hatte eine Nutzfläche von mehr als 370 000 Quadratmetern.

Im April 1973 fand die Einweihungsfeier statt. Die Aussichtsplattform wurde im Dezember 1975 eröffnet. Sie diente ein Jahr später auch als Kulisse für die Neuverfilmung von »King Kong«, für die Zwillingstürme ein wichtiger Maßstab des Erfolgs! Sentimentale Gefühle ließen die kalten Stahlpfeiler im Gegensatz zum Empire State Building oder zum Chrysler Building zwar nicht aufkommen, aber das wäre auch unangebracht gewesen. Sie forderten Respekt und Bewunderung. Sie beeindruckten und provozierten.

Im World Trade Center mieteten sich etwa 430 Unternehmen mit insgesamt 50 000 Mitarbeitern ein. Zusätzlich kamen jeden Tag Zehntausende, um Geschäfte abzuschließen oder einfach das unvergleichliche Panorama zu bewundern. Das Restaurant »Windows of the World« bot zur guten Küche auch einen fantastischen Blick. Selbst wer an Höhenangst litt, konnte sich in den obersten Stockwerken sicher fühlen. Zwar knirschte das Stahlgerüst gelegentlich, wenn es bei starkem Wind mehrere Zentimeter hin und her schwankte. Aber es war so entworfen, daß ihm weder eine Boeing 707 noch ein Hurrikan etwas anhaben konnte.

Die Ausmaße des unterirdischen Komplexes sind unvorstellbar. Gleich zwei Gebäude von der Fläche des Empire State Building hätten darin verschwinden können. Auf rund 185 000 Quadratmetern waren die U-Bahn- und die PATH-Stationen mit den Tiefgaragen und einem Labyrinth von Fußgängerpassagen verknüpft. Dort gab es Restaurants, rund 60 Läden und, fünf Stockwerke tief unter den Gebäuden, das »Commuter's Café«, wo man sich gleich nach Ankunft an der noch tiefer liegenden PATH-Station mit einem Drink stärken konnte.

Der nicht öffentlich zugängliche Teil war noch geheimnisvoller. Auf sieben Tiefgeschossen befanden sich u.a. die gesamte Haustechnik, die hauseigene

Trümmer im Untergrund des World Trade Center nach dem Einsturz der Twin Towers.

Mülldeponie, die Rampen für Lieferwagen und mehrere stillgelegte U-Bahn-Gleise. Im fünften Tiefgeschoß zwischen den beiden Türmen hatte man beispielsweise die gesamte Klimaanlage in einer riesigen, drei Etagen hohen Halle untergebracht. Gekühlt wurden die Maschinen mit Wasser aus dem Hudson. Sechs Stockwerke tief lagen die Notstromaggregate. Das für die Überwachung zuständige und mit Videokameras ausgestattete Operations Control Center befand sich unter dem Südturm.

Weniger bekannt war, daß zahlreiche Unternehmen im Untergrund des World Trade Center über Tresorräume verfügten. Die der Schweizer Bank waren von den Büroräumen aus per Lift zu erreichen. Als Zufahrt für die gepanzerten Geldtransporter diente einer der alten PATH-Tunnel, die nach dem Bau der neuen Station stillgelegt worden waren. Später nutzte die Bank of Nova Scotia diesen Tresor und deponierte dort Edelmetalle im Wert von rund 200 Millionen Dollar. Auch eine an der Comex, der größten Terminbörse für Edel- und Buntmetalle, gehandelte Goldmasse von 11,8 Tonnen lagerte in einem der Räume.

Die Keller des Zollgebäudes (World Trade Center 6) bargen auch viele Akten und beschlagnahmtes Beweismaterial der CIA, darunter Waffen und Kokain. Und es gab zwei Lagerhallen, in denen das Bureau of Alcohol, Tobacco und Firearms diverses Beweismaterial, u. a. Sturmgewehre, aufbewahrte.

Seit dem 11. September 2001 ist das World Trade Center Geschichte. Es war das auf mehreren Stockwerken brennende Kerosin, das die Türme schließlich zu Fall brachte. Bei etwa 500 Grad Celsius verliert Baustahl jeden statischen Halt und schmilzt einfach dahin. Als er-

Schuhgeschäft gegenüber des eingestürzten World Trade Center. Bergungstrupps, die unter den Trümmern der Twin Towers nach Überlebenden suchten, berichteten, daß Teile der unterirdischen Einkaufspassagen weitgehend unversehrt geblieben waren. Sie stießen auf mehrere Läden, in denen nur der Staub auf die Katastrophe schließen ließ.

stes erhitzten sich die Aufzugsschächte, dann wurden die inneren Stützen in der unmittelbaren Umgebung des Flugzeuges weich und knickten ein. Die obersten Stockwerke verloren den Halt und stürzten in die Tiefe. Die unteren Stützen konnten die zusätzliche Last nicht halten und sanken ebenfalls in sich zusammen. Wie durch einen starken Hammerschlag wurde der Domino-Effekt in Gang gesetzt. Eine Schicht nach der anderen krachte nach unten.

Durch die Erschütterung wurden auch andere Bauten rund um die Twin Towers in Mitleidenschaft gezogen. World Trade Center 5 und 7 brachen noch im Laufe des Tages vollständig zusammen. Besonders schwere Schäden wiesen die Nummern 4 und 6 sowie das Marriott Hotel auf, viele andere Gebäude in unmittelbarer Nähe trugen deutliche Spuren des Kollapses davon. Mehr als 20 Meter hoch türmten sich die Trümmer um die Stümpfe der Pfeiler. Die Plaza zwischen den Wolkenkratzern war in einem zehn Meter tiefen Loch versunken.

Auch die gesamte unterirdische Topographie Downtowns hat sich mit einem Schlag verändert. Die Wucht, mit der die Twin Towers einstürzten, erschütterte den Untergrund so stark, daß nicht nur die meterdicke Mauer der Bathtub, sondern auch die Tunnel und Fundamente in der weiteren Umgebung bebten.

Der rauchende Krater in Ground Zero war anfangs überhaupt nicht zugänglich. Wie ein überdimensionaler Splitter hatte ein Metallsegment des Nordturms das Zollgebäude durchbohrt – das heiße Metall streckte sich vom siebten Geschoß bis in das vierte unterirdische Stockwerk. Die Stahlstreben waren tagelang

Der einstürzende Nord-Turm des World Trade Center, in den das erste Flugzeug gerast war.

Trümmer des World Trade Center nach den Terroranschlägen vom 11. September 2001.

Fundament der Brooklyn Bridge, in dem gelegentlich kulturelle Veranstaltungen stattfinden (oben und rechts).

Die Brooklyn Bridge, im Hintergrund die Südspitze Manhattans (2000).

Weinvorräte im Restaurant »21«,
in dem in den 1920er Jahren illegal
Alkohol ausgeschenkt wurde.
Heute lagern dort Flaschen u. a.
von Gerald Ford und Richard Nixon.
Unter den Schätzen links befindet sich auch
eine Flasche Gin aus dem Jahr 1919.

n diesem Raum des »21«, der durch eine blinde Tür gesichert war, versteckte sich während der Prohibition
ler New Yorker Bürgermeister vor den regelmäßigen Razzien. Inzwischen wird dort prominenten Gästen serviert

Farmhaus aus dem 17. Jahrhundert, auf das ein Restaurantbesitzer im Keller seines Hauses stieß, als er neue Rohre verlegen mußte.

noch so heiß, daß sie rot wie Kohlen im Untergrund weiterglühten. Zwanzig Stockwerke des Nordturms wurden zu einer kompakten Schicht von insgesamt nur drei Metern zusammengepreßt.

Allmählich machten erstaunliche Meldungen die Runde: Unter den Trümmerbergen sollte es große Bereiche geben, die völlig unversehrt geblieben waren. Polizisten, Feuerwehrleute und Ingenieure tasteten sich wie Höhlenforscher durch das stark verwüstete Fundament, anfangs noch in der vagen Hoffnung, Überlebende retten zu können. Unter World Trade Center 5 stießen sie auf ein Tiefgeschoß, in dem die Einkaufspassage aussah, als wäre nichts geschehen. Die Helfer fanden weder Lebende noch Tote – dort hatte man sich offensichtlich rechtzeitig in Sicherheit bringen können.

Einer der ersten, der in diese Unterwelt vorgedrungen war, beschrieb dieses Geschoß in der *New York Times* als eine unter Asche begrabene Ruine, in der das eben noch rege Leben plötzlich verstummte. In einem Kiosk lagen neben der Kasse Kreditkarten. Auf den Tischen in einem Restaurant standen noch die Frühstücksreste. Die Regale einer Bäckerei waren mit Brot gefüllt. In einer Buchhandlung tropfte das Wasser aus einer gebrochenen Leitung langsam und leise auf einen Stapel mit Bestsellern. In einem Spielzeugladen erschien eine große, mit Asche bedeckte Bugs-Bunny-Figur im Licht der Taschenlampe wie ein Ungeheuer.

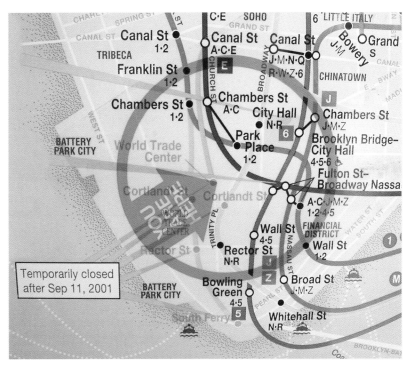

Abgeriegelter Zugang zum U-Bahnhof an der Rector Street (oben). Nach dem 11. September 2001 haben die Behörden zahlreiche Stationen in der unmittelbaren Umgebung des World Trade Center vorübergehend geschlossen. In den betroffenen U-Bahnhöfen wurden entsprechende Aushänge gemacht (unten).

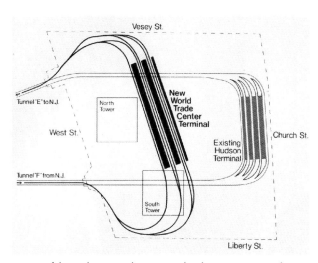

Die Linienführung der Regionalzüge von und nach New Jersey unter dem World Trade Center. Die Gleise des alten Hudson Terminal wurden stillgelegt.

Gespenstisch waren auch die ersten U-Bahn-Fahrten, die an den eingestürzten Stationen vorbeiführten. Von der Cortlandt Street Station auf den Linien 1 und 9 aus konnte man früher direkt die Einkaufspassage unter den Türmen erreichen. Sie lag nun in Trümmern. Die Zugänge wurden so schnell wie möglich mit Betonplatten verriegelt, weil man befürchtete, daß das Löschwasser in das U-Bahn-System eindringen könnte. Auch die Decke mußte mit Beton und Holzpfeilern gestützt werden, da der darüber liegende West Broadway einzustürzen drohte. Zahlreiche Stahlstützen im U-Bahn-Tunnel waren bereits eingeknickt.

Auch die Cortlandt Street Station der Linien N und R hatte Schaden erlitten und bleibt voraussichtlich bis Ende 2002 geschlossen. Der Bahnbetrieb auf dieser Strecke mußte allerdings nur vorübergehend eingestellt werden, da die Räumungsarbeiten in diesem Tunnel relativ zügig erfolgten. Um zu verhindern, daß die Zugführer aus reiner Gewohnheit an der Cortlandt Street hielten, hatte man auf dem Bahnsteig handbeschriebene Zettel aufgehängt: »Don't stop here.« Eine gute Vorsichtsmaßnahme. Denn der Zug, in dem ich mich gleich nach Wiedereröffnung der Linie Ende Oktober der Station näherte, bremste merklich. Ganz bedächtig, fast im Schrittempo, fuhr er schaukelnd in den menschenleeren Bahnhof ein. Die Lichter brannten, als wäre nichts geschehen, sieht man einmal von den provisorischen Stützen und den zubetonierten Ausgängen ab. Am markantesten war der Geruch, der immer noch aus dem Trümmerhaufen aufstieg und in den Wagen drang. Nicht alle Linien konnten so schnell wieder in Betrieb genommen werden. Man befürchtete unter anderem, daß weitere Gebäude in Ground Zero einstürzen könnten, wenn die Züge wie gewohnt durch die Tunnel ratterten.

Auch die PATH-Station, die am tiefsten unter den Twin Towers lag, wurde zerstört. Die beiden Tunnelröhren, die unter dem Hudson nach New Jersey führen und ebenfalls Schäden aufwiesen, sind auch mit dem U-Bahn-System in Manhattan verbunden. Kurz nach den Anschlägen bemerkte man mit einigem Entsetzen, daß in der Exchange Place Station in New Jersey knöcheltief Wasser von den zerstörten Wasserrohren und Löscharbeiten des World Trade Center stand.

Man befürchtete, daß ein Tunnelschaden in Manhattan, möglicherweise ausgelöst durch den Einsturz eines weiteren Gebäudes, das gesamte U-Bahn-Netz überfluten könnte. Sofort traf man Vorbereitungen, die beiden PATH-Tunnel zu schließen und mit Betonplatten abzuriegeln. Unter anderen Umständen hätten die Polizisten, die von New Jersey aus den Zustand der PATH-Station in Manhattan erforschten, ihr Abenteuer sicher genossen. Per Floß steuerte die kleine Gruppe in den überfluteten Tunneln unter dem Hudson in Richtung World Trade Center, um die Ausmaße der Schäden zu inspizieren. Die hielten sich allerdings in Grenzen. Nur auf Gleis 1 der PATH-Station stand ein inzwischen leerer Zug. Zwei Wagen waren von der eingebrochenen Decke plattgedrückt worden. Die Whiskey-Flaschen im gleich darüber liegenden »Commuter's Café«, fünf Stockwerke unter der Straße, waren zwar verstaubt, aber sonst völlig unversehrt.

Wie aber hatte die Bathtub die Anschläge überstanden? Das war für die Gesamtbeurteilung des baulichen Zustands die wichtigste Frage. Im schlimmsten Falle, so die Ingenieure, fielen die Betonwände einfach zusammen, wenn man die Trümmer abtrage. Zur Er-

Auf den meisten Schildern der Endstation der Linie E wurde der Name World Trade Center nach der Wiedereröffnung der Strecke 2002 geschwärzt.

leichterung der Verantwortlichen stellte sich jedoch heraus, daß die Bathtub keine ernsthaften Schäden aufwies. Dennoch wurde der Schutt mit äußerster Vorsicht ausgebaggert. Nur entlang der Liberty Street, da, wo der Südturm gestanden hatte, mußte die Mauer der Bathtub vorübergehend durch Stahlträger gestützt werden.

Aus den Trümmern wurden unter anderem Gold und Silber im Wert von 200 Millionen Dollar aus dem Bestand der Bank of Nova Scotia geborgen. Der Abtransport fand unter Aufsicht schwerbewaffneter Polizisten statt; man war kurz zuvor auf Hinweise gestoßen, die auf Plünderungsversuche schließen ließen.

Dasselbe galt für die Ware mehrerer Luxusgeschäfte in den ehemaligen Einkaufspassagen unter den Twin Towers.

Die Stromgesellschaft Con Edison schickte sofort nach den Anschlägen Fachleute an den Unglücksort, die freiliegende Stromkabel isolierten bzw. ersetzten und kaputte Relaisstationen austauschten. Auch die unterbrochenen Telefonleitungen mußten wiederhergestellt werden. Das alles nahm Wochen in Anspruch.

Im Januar 2002 wurde die letzte Station der Linie E, die World Trade Center Station, wieder in Betrieb genommen. Am ersten Tag nach der Wiedereröffnung war

Die Chambers Street Station der U-Bahn-Linie E trägt auch nach dem 11. September noch den Hinweis auf das ehemalige World Trade Center (WTC).

ihre Arbeitsplätze im World Trade Center zu befördern. Als aus den Lautsprechern die Ansage »Last Stop« ertönte, mußte ich an die Menschen denken, über die am Morgen des 11. September 2001 die Katastrophe unvermittelt hereingebrochen war. Einige der Ausgänge waren noch immer verschlossen. Ich blickte unbehaglich auf die abgeriegelten Rampen und Treppen – wie viele Opfer mochten sich dahinter noch befinden, die nicht geborgen werden konnten?

Den Namen World Trade Center konnte man fast nirgends mehr finden. Schwarze Schilder, auf denen die Aufschrift gelöscht wurde, hingen wie Grabsteine von der Decke herab. Nur an den Säulen stand noch »Chambers / WTC«. Auf der Karte, die in einem Glaskasten aushing, waren die durch den Einsturz der Twin Towers beschädigten Bahnhöfe wie Geisterstationen verzeichnet. Es war ein unwirkliches Gefühl, einen Pfeil zu sehen, der in das Innere dieses phantomhaften Ortes deutete. »You are here«, stand dort, als müßte man sich doch noch einmal vergewissern, daß diese Station wirklich existiert.

der Bahnhof wie ausgestorben. Selbst um 18 Uhr, einer Zeit, zu der sich vor den Anschlägen Hunderte Angestellte, die in den Twin Towers arbeiteten, in die vollen Züge zwängten, begegnete man dort keinem Menschen. Nur ein Polizist schob freudlos in der Nähe einer Treppe Wache.

Als ich an diesem ersten Tag nach der Wiedereröffnung der Linie bis zur World Trade Center Station fuhr, traf ich nicht auf viele Mitreisende. Kurz vor der Einfahrt wurde der Zug immer langsamer, als wäre es dem Fahrer selbst nicht ganz geheuer gewesen, den Bahnhof anzusteuern. Und wen zog es nach Feierabend schon dorthin? Ihre eigentliche Funktion hatte diese Station verloren: Zehntausende Angestellte an

Die Bergungsarbeiten wurden Ende Mai 2002 offiziell abgeschlossen. Die Bathtub ist freigelegt und wartet darauf, neue Gebäude aufzunehmen. Die Diskussion über die Zukunft des Areals ist derweil voll entbrannt. Die einen fordern ein stattliches Denkmal, die anderen ein noch höheres Bürogebäude. Wollte man in New York wieder einen weltweiten Rekord aufstellen, müßte man das 500 Meter hohe Mori-Gebäude in Schanghai übertreffen. Doch werden sich dafür Mieter finden? Jedenfalls sind bereits zahlreiche Architekten am Werk, die phantastische Pläne schmieden.

Ungewöhnliche Fundamente: Brücken und Keller

Wie der Keller eines alten Schlosses streckt sich das gemauerte Gewölbe ins Dunkle. Kalt, feucht und muffig. Nicht einmal kleine Fenster gibt es, und so bleibt es dort das ganze Jahr über kühl genug, um Wein zu lagern. Ab und zu kriecht ein Obdachloser in eine der seitlichen Kammern, in denen früher Werkzeug untergebracht wurde. Diejenigen, die zu dem Gewölbe Zugang haben, erinnert es an die Zeichnungen der imaginären Gefängnisse von Giovanni Piranesi. Dabei handelt es sich weder um einen Schloßkeller noch um einen Kerker, sondern um einen Teil des Fundaments der Brooklyn Bridge. Sie gehört noch heute zu einer der größten Brücken New Yorks und prägt die Skyline. Was sich im Fundament des Brückenpfeilers auf Manhattan befindet, bekommt kaum einer zu sehen.

Der Bau der Brooklyn Bridge gilt als Wunder der Ingenieurtechnik. Brooklyn war lange Zeit nur per Fähre von Manhattan aus zu erreichen, die von den Wetterverhältnissen abhängig war. Man war sich einig, daß die beiden Stadtteile durch eine Brücke über den East River verbunden werden müßten. Vor so einem wahnwitzigen Projekt schreckte man zunächst zurück.

1802 genehmigte die Regierung von Albany schließ-

Die Brooklyn Bridge, im Hintergrund die Skyline Manhattans. Aufnahme vom August 2001.

Bau der Senkkästen für die Brooklyn Bridge, die zwischen 1869 und 1883 entstand (oben). Auf diesen errichtete man die Pfeiler (rechts).

lich doch den Bau einer Brücke über den East River. Die meisten der vorgelegten Pläne waren allerdings unrealistisch und bargen, was ihre Umsetzung betraf, ein zu hohes Risiko. Den Ingenieuren fehlte es einfach an Erfahrungen, um ein solches Großprojekt in Angriff zu nehmen. Als 1854 die Wheeling Bridge über den Ohio River bei einem Sturm zusammenbrach, wurde man noch zurückhaltender. Derweil kämpften sich die Fähren weiter über den East River. Immer wieder kam es zu Havarien. Dennoch hatte der Dampferverkehr dazu beigetragen, daß Brooklyn Mitte des 19. Jahrhunderts rasch expandierte und sich zu einem der wohlhabendsten Wohngebiete New Yorks entwickelte. Man witzelte schon, daß man schneller von Albany nach Manhattan kam als von Brooklyn aus.

Auch John Roebling frustrierten die Fähren. Der in Thüringen geborene Ingenieur war nach seinem Studium in Berlin 1831 nach Amerika ausgewandert. Er hatte u. a. in Pennsylvania und Cincinnati einige solide, wenn auch verhältnismäßig kleine Brücken gebaut, die von Spannkabeln gehalten wurden. Er legte den New Yorker Stadträten 1867 ein Konzept für eine Hängebrücke vor, deren Last nicht wie bis dahin üblich von Tauen, sondern von verflochtenen Stahlsträngen getragen werden sollte. Diese Idee war offenbar überzeugend. Bereits zwei Jahre später, 1869, begannen die Bauarbeiten.

Weil das Flußbett aus unbeständigen Schichten von Steinen und Schlamm bestand, mußten die Brückenpfeiler auf Senkkästen, sogenannten Caissons, gebaut werden. Diese wasserdichten, aus Holz gefertigten Kästen waren auf der Manhattaner Seite 52 Meter lang

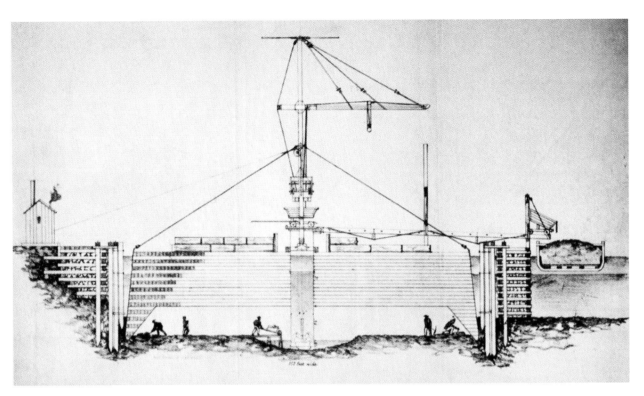

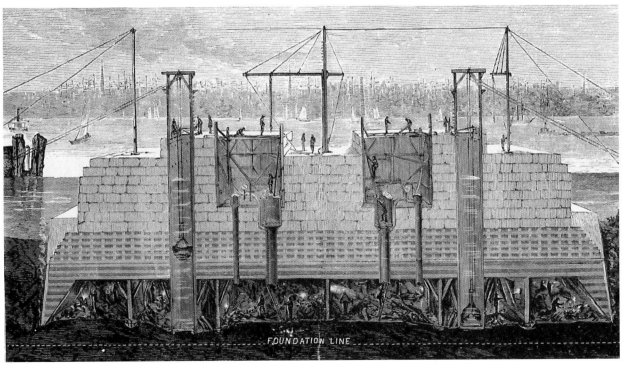

FOUNDATION LINE

Bau der Brooklyn Bridge. Historische Zeichnung von 1877.

und 31 Meter breit. Die Wände hatten eine Stärke von bis zu drei Metern und waren mit Metall ausgekleidet, das allein etwa 250 Tonnen wog. Wie Taucherglocken senkte man die Caissons an beiden Uferseiten in den Fluß und errichtete auf ihnen die Brückenpfeiler. Durch das zunehmende Gewicht der Pfeiler wurden die Caissons immer tiefer in den Boden gedrückt und füllten sich mit Schlamm, der ständig ausgepumpt werden mußte. Parallel dazu versuchte man, die wachsende Belastung durch Druckluft im Inneren der Caissons auszugleichen. Langsam wurden so die Brückenpfeiler durch den Schlamm gesenkt, bis sie auf festem Steinboden Halt fanden.

Man schätzt, daß der Brückenbau rund 40 Leben kostete. John Roebling starb an Tetanus, noch bevor der erste Pfeiler stand. Sein Sohn Washington, der die Ko-ordination der Arbeiten übernahm, fiel der Taucherkrankheit zum Opfer und konnte den Bau nur noch von seinem Bett aus leiten. Ein Reporter des *Harpers Magazine*, der die Arbeiter in eine der heißen, dunklen und schlammigen Kammern begleitete, beschrieb diese als »eine Blechdose, in der ein Dutzend Männer gerade stehen können … wie Fleischstücke zur Konservierung«. Allein die Hitze von der Druckluft muß höllisch gewesen sein. Einem Gerücht zufolge sollen einige der Arbeiter, die den Strapazen unter Tage nicht gewachsen waren, in den Pfeilern begraben liegen.

Die Eröffnung der Brücke am 24. Mai 1883 wurde triumphal gefeiert. Zehntausende versammelten sich rund um das Bauwerk – auf Straßen, Hausdächern und Schiffen drängten sich die Menschen, um die Rede des Baubeauftragten Abram Hewitt zu hören. Dieser beschrieb die Brücke als ein Monument für die »moralischen Qualitäten der menschlichen Seele« und zog einen Vergleich zu den ägyptischen Pyramiden. Anschließend strömten rund 150 000 New Yorker über die Brooklyn Bridge, mit 1,8 Kilometer Länge seinerzeit die längste Hängebrücke der Welt. Die 40 Meter hohen Türme überragten mit Ausnahme der Trinity Church alle Gebäude der Metropole. New York hatte nun ein eigenes Weltwunder.

Die Gewölbe unter den Zufahrten zur Brücke wurden auf beiden Seiten unterschiedlich angelegt. Fährt man mit dem Auto in Richtung Manhattan, so findet man in der Verankerung für die Stahlkabel, die die Brooklyn Bridge tragen, neben einigen zugemauerten Fenstern auch solche mit zerbrochenen Läden, durch die man ins Innere des Gewölbes blicken kann. Die länglichen Kammern liegen im rechten Winkel zur Brücke und sind teilweise mehr als 15 Meter hoch. Zu Beginn des 20. Jahrhunderts vermietete man einige der Kammern, während des Ersten Weltkriegs wurden sie aus Sicherheitsgründen für die Öffentlichkeit allerdings vorübergehend wieder gesperrt. Bis 1986 wurden die kleineren Kammern gelegentlich von Handwerkern und Schweißern benutzt. Heute findet man in ihnen kaum mehr als alte Werkzeuge und Brückenteile.

Die Brücke selbst wurde nicht, wie bislang üblich, von Tauen gehalten, sondern von verflochtenen Stahlsträngen. Diese mußten in den Pfeilern durch eine besondere Konstruktion verankert werden.

Massiv gemauerte Auffahrt zur Brooklyn Bridge in Manhattan (links). Die Räume darunter wurden an Gewerbetreibende vermietet und bis Anfang der 1990er Jahre auch von Obdachlosen genutzt. Das Gewölbe (oben) diente einst als Weinkeller.

Im übrigen lebten bis Mitte der 90er Jahre auch unter der Brooklyn Bridge bis zu 50 Obdachlose. 1994 griff die Polizei schließlich besonders hart durch. Sie beschlagnahmte Matratzen, Fernseher und Möbel, nachdem am 15. April in einer der Kammern ein Feuer ausgebrochen war. Erst dadurch kam den Stadtbehörden zu Ohren, daß das Labyrinth in den Brückenpfeilern zahlreichen Obdachlosen als Wohnstätte gedient hatte. Um ihnen den Zugang endgültig zu versperren, ließ das für die Instandhaltung der Brücke zuständige Department of Transportation die Fenster vermauern.

Auf gefährlichen Umwegen – nämlich über geheime Verbindungsgänge zu den U-Bahn-Tunneln – kann man allerdings immer noch ins Innere der Gewölbe klettern.

Auf der Brooklyner Seite geht es zivilisierter zu: Seit den 80er Jahren veranstaltet die Künstlergruppe »Creative Time« im Rahmen des Projekts »Art in the Anchorage« in den Sommermonaten Ausstellungen und Konzerte. Seit dem 11. September 2001 sind auch diese Gewölbe der Brooklyn Bridge aus Sicherheitsgründen geschlossen.

Die New York Public Library

An der Fifth Avenue zwischen der 40. und 42. Straße – damals noch Landstraßen – ragten ab 1848 die Mauern des Murray Hill Reservoir in die Höhe. Das Bauwerk erinnerte an das Fundament eines ägyptischen Tempels. Über eine schmale Treppe im Innern der fast acht Meter dicken und 13,5 Meter hohen Mauer konnte man nach oben auf eine Art Promenade steigen. Von dort aus hatte man einen prächtigen Blick auf die Stadt und die beiden Becken des Reservoirs, die vom Croton Aqueduct mit frischem Wasser gefüllt wurden.

Reste dieser einst massiven Mauern liegen noch heute unter dem Gebäude der New York Public Library begraben. Nachdem das Murray Hill Reservoir 1899 stillgelegt worden war, sollte an dieser Stelle nach einem Entwurf der Architekten John Carrère und Thomas Hastings eine großzügige Bibliothek im Beaux-Arts-Stil entstehen. Mit den Bauarbeiten begann man schließlich 1902. Finanziert wurde das Projekt aus dem Vermögen von Gouverneur Samuel Tilden, das nach seinem Tod 1886 an die Stadt New York gefallen war.

Das 1911 fertiggestellte Gebäude war das seinerzeit größte in Amerika, das aus Marmor bestand. Am Eröffnungstag standen mehr als eine Million katalogisierte Bücher in den Magazinen, die sich in den sieben Tiefgeschossen befanden. Es war der ganze Stolz der

Blick über den Bryant Park an der 42. Straße von der Sixth Avenue aus, im Hintergrund die Rückseite der Public Library. Unter dem Park befindet sich das neue Magazin der Bibliothek, das 1991 fertiggestellt wurde.

Bibliothek, dem Leser innerhalb einer halben Stunde jedes Buch aushändigen zu können.

1965 platzte die Bibliothek aus allen Nähten. In die bereits 141 Kilometer langen Regale paßte kein Buch mehr. Also mußte man sich Gedanken über den Standort für ein zweites Magazin machen. Dafür kam der Untergrund unter dem Bryant Park in Frage, der direkt neben der Bibliothek lag.

Der Park hatte schon eine wechselvolle Geschichte hinter sich. Auf dem Gelände befand sich in der ersten Hälfte des 19. Jahrhunderts ein Friedhof für die Opfer des Gelbfiebers von 1798. 1853 entstand dort der monumentale Crystal Palace, der fünf Jahre später durch einen verheerenden Brand zerstört wurde. Die zunächst brachliegende Rasenfläche erhielt 1884 den Namen »Bryant Park« und wurde 1934 in eine elegante Grünanlage umgestaltet. In den 70er Jahren verwahrloste er immer mehr und diente als Umschlagplatz für Drogen. Auch Obdachlose hielten sich dort auf. Diesem Treiben wurde schließlich in den späten 80er Jahren ein Ende gemacht. Heute zählt er zu den schönsten Parks von New York und zieht mit seinen zahlreichen Veranstaltungen viel Publikum an.

Im Zuge der Umgestaltung des Bryant Park begann man 1988 mit den Aushubarbeiten für die neuen Lagerräume der Public Library. Ein 37 Meter langer Tunnel sollte die künftigen Magazine mit der Bibliothek verbinden. Je tiefer man in den Untergrund vordrang, um so mehr Überreste des alten Wassersystems kamen zum Vorschein. Außerdem mußte man einen Teil des U-Bahn-Tunnels der Linie 7 verlegen.

1991 war die neue 11 000 Quadratmeter große unterirdische Halle, ausgestattet mit beweglichen Regalen, voll einsatzbereit. 1,2 Millionen Bücher wurden dort eingelagert. Ein mit besonderen Sicherheitsvorkehrungen verschlossener Raum (deren genauen Ort die Bibliothek nicht preisgeben will) enthält die wertvolleren Schätze: das Tagebuch von George Washington, einen Koffer mit Dokumenten von Herman Melville, 4300 Jahre alte babylonische Tafeln und die Totenmaske von Theodore Dreiser.

Auch die jüngsten Bauarbeiten brachten wieder ar-

Goethe-Statue im Bryant Park. Sie wurde 1935 von der New Yorker Goethe Society errichtet.

chäologische Bodenschätze zutage. Im Sommer 2002 wurde ein neues Gebäude eingeweiht: das South Court. Es befindet sich in einem der beiden Höfe im Kern der Public Library. Seit der Einweihung der Bibliothek hatte sich in diesem Hof nichts verändert; früher stand hier noch ein Brunnen, aus dem die durch ein Tor trabenden Pferde tranken. Bei den Aushebungen für das South Court stieß man auf eine Fundamentsmauer, die ersten Schätzungen zufolge sogar noch älter sein muß als das Croton Reservoir.

Die Carnegie Hall

Gewappnet mit einem Schutzhelm wohnte der damalige Intendant Franz Xaver Ohnesorg am 18. Januar 2000 der Entfernung des ersten Stützpfeilers unter der Carnegie Hall, dem berühmten New Yorker Konzertsaal, bei. Als er von der *New York Times* gefragt wurde, wie er sich denn in diesem Augenblick fühle, antwortete er: »Zwischen Himmel und Erde.«

Man kann seine Empfindung nachvollziehen, wenn man bedenkt, daß in diesem Moment eine der sichtbaren Stützen des Hauptsaals abgetragen wurde. Ziel des 1997 gestarteten Projekts war es, wie so oft in der Geschichte New Yorks, das Unmögliche möglich zu machen – den Bau eines dritten Konzertsaals im Untergrund der Carnegie Hall, ohne den täglichen Konzertbetrieb in dem weltberühmten Gebäude zu beeinträchtigen.

Die 1891 eröffnete Musikhalle, deren Hauptsaal von Peter Tschaikowsky eingeweiht wurde, hat über die Jahre von Gustav Mahler bis Duke Ellington viele Berühmtheiten willkommen geheißen. Winston Churchill, Mark Twain, Frank Sinatra, die Beatles, Maria Callas – sie alle standen auf der legendären Bühne. Der nach dem berühmten Geiger Isaac Stern benannte Saal gilt als bedeutendster Auftrittsort in den USA.

Für die außergewöhnliche Akustik und Belle-Epoque-Eleganz zeichnet der Architekt William Burnett

Die Carnegie Hall an der 57. Straße südlich des Central Park. Das legendäre New Yorker Konzerthaus wurde 1891 eröffnet. Im September 2003 soll ein weiterer Saal im Keller des Gebäudes seiner Bestimmung übergeben werden.

Tuthill verantwortlich. Er entwarf den vielstöckigen Komplex im italienischen Renaissance-Stil mit Ornamenten aus Terrakotta und beeindruckte die New Yorker Gesellschaft zutiefst. Sie lobte sein Werk in höchsten Tönen, obwohl er selbst seinem monumentalen Entwurf nicht ganz traute. Angeblich war der Saal bei Tschaikowskys Einweihungskonzert so überfüllt, daß Tuthill, aus Sorge, er könnte einstürzen, das Gebäude eiligst verließ, nach Hause lief und ängstlich seine Pläne studierte. Dabei hatte er seinen Bau so entworfen, daß es Jahrhunderte überstehen sollte.

Neben dem Isaac-Stern-Auditorium befindet sich im dritten Stock auch ein kleinerer Saal für Kammerkonzerte, Diskussionen und Lesungen. In einer der unterirdischen Hallen fand bereits einen Monat vor der Eröffnung des Hauptsaals das erste Konzert statt. Im Laufe der Jahre gab es in diesem unterirdischen Bereich mehrere Veränderungen. In dem Kammermusiksaal im Tiefgeschoß richtete sich 1898 zunächst das Lyzeum der American Academy of Dramatic Arts ein, anschließend das Carnegie Playhouse und schließlich das Carnegie Hall Cinema, aus dem später dann das Cineplex Odeon, ein Kino mit zwei kleinen Filmsälen, wurde.

Der frühe Glanz verblaßte bald. In den späten 1950er Jahren wurde die Carnegie Hall auf dem Immobilienmarkt zum Verkauf angeboten. Schließlich sollte sie dem Erdboden gleichgemacht und durch ein 44-stöckigen Bürohaus ersetzt werden. Glücklicherweise konnte ein Kreis einflußreicher Künstler, unter ihnen Isaac Stern, das Gebäude vor dem Abriß retten. 1964 wurde die Halle unter Denkmalschutz gestellt.

1997 beschloß man dann, die unterirdischen Bereiche zu einem modernen Konzertsaal auszubauen. Das war allerdings leichter gesagt als getan. Denn um eine optimale Akustik zu erzielen, mußte der Raum nach unten hin vergrößert werden. »Wenn man im Petersdom mehr Platz brauchte, um eine Kapelle für 600 Menschen zu bauen, würde man nicht den Tiber überqueren«, sagte der Architekt James Polshek zu dem wahnwitzigen Projekt. »Man würde Ausgrabungen machen.«

Lagerraum unter der Bühne der Carnegie Hall.

Das Architekturbüro Polshek Partnership plante einen ganz neuen Konzertsaal, die »Zankel Hall«, mit drei unterirdischen Stockwerken und etwa 650 Sitzplätzen. Die Halle sollte ohne Stützen auskommen, die darüber liegende alte Carnegie Hall erhalten bleiben. Statisch ließ sich das nur verwirklichen, wenn man den neuen Saal als Ellipse baute.

Soweit der Plan. Im August 1999 begannen die Vorbereitungen. Um die mehr als 6000 Kubikmeter Bauschutt an die Oberfläche schaffen zu können, wurde ein großer Lastenaufzug installiert. Außerdem mußte man die Decke und somit den Boden des Isaac-Stern-Saals abstützen. Die 14 Meter hohen Tragbalken wurden mit einer besonderen Isolierungsschicht versehen, um die bei den Aushubarbeiten und sogar den unterirdischen Sprengungen entstehenden Erschütterungen zu dämpfen. Denn: Kein einziger Zuhörer im Hauptsaal der Carnegie Hall sollte auch nur ahnen, welch gigantische Baumaßnahmen sich unter seinen Füßen abspielten. Nach dem jüngsten Stand der Planungen soll die neue Halle im September 2003 eröffnet werden.

Der Central Park in Manhattan. Auf Höhe der 63. Straße westlich des Parks sollte in den 1860er Jahren ein paläozoisches Museum entstehen. Statt dessen baute man ein Jahrzehnt später das Museum of Natural History auf Höhe der 79. Straße.

Dinosaurier im Central Park

Als der Londoner Crystal Palace 1854 im Sydenham Park eine Installation mit künstlichen Dinosauriern präsentierte, wurde das in New York mit großer Aufmerksamkeit verfolgt. Nachdem sich die New York Central Park Commission zu dem Bau eines ähnlichen Museums entschieden hatte, wurde Benjamin Waterhouse Hawkins, der die Modelle in London gebaut hatte, nach Manhattan eingeladen.

Im Jahr 1868 waren die Arbeiten am Central Park noch voll im Gange. Man hatte unter anderem eine Fläche von fast 250 000 Quadratmetern für ein Museum bereitgestellt. Hawkins Erfolg in London spornte die Verantwortlichen in New York an: Sie wollten ein ebenso großes Diorama schaffen, das katakombenartig teilweise unterirdisch durch den Park führen würde. In diesem Paleozoic Museum sollten prähistorische amerikanische Tiere ausgestellt werden. Die Fundamente dieses Museums wurden in der Nähe des heutigen Restaurants »Tavern on the Green« am Rand des Central Park auf Höhe der 63. Straße ausgehoben.

Im Auftrag der Kommission machte sich Hawkins 1868 auf eine Reise quer durch den Osten Amerikas, um prähistorische einheimische Tiere aufzuspüren, die er nachbilden konnte. Zwischenzeitlich richteten seine Assistenten ein Studio in New York ein und bauten die ersten überdimensionalen Dinosaurier. Das Projekt erfreute sich großer Beliebtheit. Nur »Boss« Tweed stand dem Ganzen skeptisch gegenüber.

Der korrupte Politiker sah keine Möglichkeit, selbst von einem Museum mit Dinosauriern zu profitieren. Er schleuste seine Anhänger in die Central Park Commission ein, die dem Projekt Steine in den Weg legen sollten. Außerdem heuerte Tweed eine Schlägerbande an, die in Hawkins Studio einbrach und die Modelle zertrümmerte. Von den New Yorker Verhältnissen angewidert, reiste Hawkins wieder nach London zurück.

Die schon angefertigten Figuren wurden daraufhin in der Nähe der bereits fertiggestellten Fundamente für das Museum am Central Park begraben. Der genaue Ort ist nicht bekannt. Die Dinosaurier tauchten selbst beim Bau der U-Bahn entlang der Eighth Avenue nicht wieder auf. Die Keller des geplanten Museums wurden wieder zugeschüttet.

Kurz darauf entstand ein paar Straßen weiter nördlich doch ein wissenschaftliches Museum. Manhattan Square zwischen Columbia Avenue und Central Park West auf Höhe der 79. Straße war damals noch ein verwildertes Gelände, auf dem sich Ziegen und Schweine herumtrieben. Dort legte US-Präsident Ulysses Grant 1874 den Grundstein für das American Museum of Natural History. Das erste im viktorianischen Stil gebaute Gebäude des Museums wurde 1877 eingeweiht.

Das Gebäude des Museum of Natural History heute.

Heute ist das Museum ein Komplex aus 24 Bauten, die nur teilweise öffentlich zugänglich sind. Im Keller und in den obersten Stockwerken befinden sich die wichtigsten Archive, in denen unzählige Kuriositäten ruhen: Mumien, Fledermäuse, seltene Steine, große, mit Alkohol gefüllte Behälter, in denen Kamelköpfe und tote Gorillas schwimmen, das Skelett des berühmten Elefanten Jumbo sowie rund acht Millionen Artefakte.

Auch Dinosaurier sollen dort verwahrt werden. Um zum »Dinosaur Storage Room« zu gelangen, muß man sich durch unterirdische Korridore an heißen Dampfleitungen vorbeidrängen. Die größeren Knochen liegen auf dem Boden, einige hängen von der Decke, die kleineren stapeln sich in Regalen. Zahlreiche Modelle sind auf den Tischen ausgebreitet. Die von Hawkins angefertigten Exemplare wird man vielleicht eines Tages unter dem Central Park wiederentdecken und dann in die Sammlung aufnehmen.

Das Studio von Benjamin Hawkins aus den 1860er Jahren, der den Auftrag hatte, in New York ein paläozoisches Museum aufzubauen, das unterirdisch am Rande des Central Park entstehen sollte und in dem man künstlich gefertigte Dinosaurier ausstellen wollte. Nachdem das Projekt gescheitert war, wurden die Modelle vergraben.

Brauereien und illegale Kneipen

Aufsehen erregte 1842 nicht nur die Einweihung des Croton Aqueduct. Auch auf einem anderen Gebiet wurde eine neue Ära eingeläutet. Die preußischen Immigranten Friedrich und Maximilian Schaefer befreiten die amerikanische Metropole von der Herrschaft des englischen Biers. Als die Brüder Schaefer den New Yorkern zum ersten Mal deutsches Lagerbier einschenkten, war die Begeisterung groß.

Zu Beginn des 19. Jahrhunderts trank man in Manhattan in erster Linie leichte britische Biere. Nachdem man durch das Schaefer-Bier auf einen anderen Geschmack gekommen war, entstanden bald zahlreiche konkurrierende Unternehmen. Um 1860 gab es in New York bereits mehr als 40 Brauereien, die meisten hatten sich in der Bronx und in Brooklyn niedergelassen. Bis 1900 stieg die Zahl der Brauhäuser allein in Brooklyn auf nahezu 50. Neben Philadelphia und Milwaukee galt New York als die amerikanische Metropole, in der am meisten Bier gebraut wurde.

Im Brooklyner Viertel Williamsburg war die Gegend zwischen Bushwick Place und Lorimer Street als »Brewer's Row« in aller Munde, denn dort hatten sich zwischen 1860 und 1880 gleich zwölf Brauereien angesiedelt. Der harte Wettbewerb und die steigenden Mietpreise führten dazu, daß in der ersten Hälfte des 20. Jahrhunderts nach und nach alle Brauhäuser den traditionellen Standort aufgaben. Erst 1994 ließ sich wieder ein Unternehmen für Gerstensaft in Brooklyn nieder, die Park Slope Brewery. 1996 zog die Brooklyn Brewery in ein stillgelegtes Fabrikgebäude aus dem Jahr 1860. Sie braut u.a. bayrisches Weißbier; am 1. März 2002 lud die Brauerei zur Premiere des »Brooklyn Doppelbock«. Die 11. Straße in Williamsburg, Standort der Brooklyn Brewery, wurde von Bürgermeister Rudolph Giuliani offiziell in »Brewer's Row« umbenannt.

Auch die Brauerei der Brüder Schaefer verlegte ihren Standort 1916 schließlich nach Brooklyn. Zunächst hatte sie sich in der ehemaligen Sommer Brewery am Broadway, Ecke 18. Straße einquartiert, war dann zweimal in größere Gebäude gezogen, bis sie 1849 an der Fourth Avenue zwischen der 50. und 51. Straße für die nächsten 67 Jahre ein Zuhause fand. Im Zuge der Bauarbeiten für den Grand Central wur-

Die verrosteten Anlagen im Keller der Schaefer-Brauerei in Brooklyn (links u. oben). Das Gebäude selbst wird abgerissen.

den angeblich die Fundamente der Brauerei beschädigt. Die Schaefer Brewing Company zog daraufhin vor Gericht und konnte den Prozeß für sich entscheiden. Kurze Zeit später verkaufte sie das Grundstück und siedelte nach Brooklyn um, wo sie sich in Williamsburg, an der Kent Street direkt am East River, ein noch größeres Gebäude errichtet hatte.

Als 1920 über ganz Amerika die Prohibition, das Alkoholverbot, verhängt wurde, bedeutete das für die Brauereien einen herben Schlag. Die Befürworter dieser Maßnahme wollten der Trunksucht endlich ein radikales Ende bereiten. Durchsetzen ließ sich das Verbot allerdings nicht. Über Nacht entstanden illegale Kneipen, die sich hinter unauffälligen Türen verbargen. Der Schaefer Brewery gelang es, sich durch die Produktion von alkoholfreiem Bier, Brausen und Eis über Wasser zu halten.

Nachdem das Braugeschäft (Bier mit maximal 3,2 Prozent Alkohol) 1933 wieder aufgenommen werden durfte, wurde der Gebäudekomplex der Brüder Schaefer erweitert. Als das Unternehmen 1942 sein 100. Jubiläum feierte, produzierte es fast zwei Millionen Fässer Bier pro Jahr. Der damalige Firmeninhaber Rudolph Schaefer gründete nun auch in anderen Städten Brauereien. In Allentown, Pennsylvania, entstand eine hochmoderne Anlage, die schließlich Hauptsitz wurde. Nach 134 Jahren in New York schloß die Schaefer Brewery an der Kent Street in Brooklyn 1976 endgültig die Türen.

Als ich das Gelände 20 Jahre später besuchte, war es weitgehend verwahrlost. Durch unterirdische Gänge konnte man alle Gebäude der Brauerei erreichen. In den weitläufigen Kellern stieß ich auf alte Büromöbel, Kartons und Feuerlöscher. Auch ein paar Obdachlose waren in eines der leerstehenden Gebäude eingezogen. In den unterirdischen Hallen hatten sie sich aus dicker Plastikfolie provisorische Zelte gebaut, die im Licht der Taschenlampe unheimlich wirkten.

Die Ruine der Brauerei mit ihren etwa zehn Stockwerken und verschachtelten Nebengebäuden war ein abenteuerlicher Ort: überflutete Kellerräume, in denen kniehoch fauliges Wasser stand, ein Labyrinth von kleinen Treppen und verborgenen Leitern, riesige Fässer und viele alte Maschinen mit abgeblätterten Schildern, deren Aufschrift man nur noch erahnen konnte. In der Ecke eines Raums lag ein Haufen alter, sorgfältig verschlossener Bierflaschen.

Im Sommer 2001 wurde mit dem Abriß der Ruine begonnen. Auf dem wertvollen Grundstück im sehr begehrten Williamsburg sollen Wohnhäuser entstehen.

Während die Brauereien unter der Prohibition zu leiden hatten, profitierten die Speakeasies, die illegalen Kneipen, um so mehr. Das »21« war der berühmteste Club dieser Art in New York. Es eröffnete 1920 zunächst in Greenwich Village und wechselte drei Mal

Im Keller dieses Gebäudes an der 52. Straße befindet sich das berühmte Restaurant »21«. Zur Zeit der Prohibition, der Periode des Alkoholverbots zwischen 1920 und 1933, war es eine von zahlreichen illegalen Kneipen, der sogenannten Speakeasies.

die Adresse, bevor es sich an der 52. Straße im Westen Manhattans dauerhaft einquartierte, und zwar im Keller eines unscheinbaren Wohnhauses. Ein Türsteher hatte dafür zu sorgen, daß Polizisten und Gangster nicht eingelassen wurden. Denn: Als Restaurant getarnt, servierte man im »21« vor allem illegal Alkohol. Das Geschäft lief jahrelang reibungslos, bis im Rahmen einer groß angelegten Razzia 1930 dem Treiben ein vorläufiges Ende bereitet wurde. Die Besitzer des »21« ließen sich allerdings nicht unterkriegen. Sie beauftragten eine Gruppe Architekten und Ingenieure damit, Vorschläge zu unterbreiten, wie man den illegalen Alkohol besser verstecken könnte.

Der Club wurde aufwendig umgebaut: Man zog blinde Wände und Türen ein, legte neue Treppen und Schächte an. Trickreich hergerichtet war zum Beispiel eine Garderobe mit Doppelfunktion: Wenn man mit einem der Metallbügel einen bestimmten Kleiderhaken berührte, öffnete sich eine versteckte Tür, hinter der sich Regale mit kühl gelagertem Wein befanden. Die Regalbretter hinter der Bar konnte man per Knopfdruck nach hinten kippen, die Flaschen rutschten dann durch einen versteckten Schacht in den Untergrund, wo sie zerschmettert wurden.

Wenn der Türsteher einen Polizisten ausmachte, der sich dem »21« näherte, löste er einen geheimen Alarm aus. Umgehend ließ man sämtlichen Alkohol, der offen herumstand, verschwinden. So geschah es an einem warmen Abend im Juni 1932. Die unerwünschten Ermittler drangen in den Club ein und durchkämmten rund zwölf Stunden lang das ganze Gebäude. Sie suchten alle Schränke, Kammern und Abstellräume ab, selbst den Keller nahmen sie genau unter die Lupe. Der starke Geruch des hastig aus dem Weg geräumten Alkohols machte sie regelrecht rasend. Allein, sie fanden nichts. Der Club war offensichtlich eines der üblichen feinen New Yorker Restaurants. Und doch lagerten in den Verstecken rund 2000 Kisten der teuersten Weinsorten, darunter Montrachet und Romanée-Conti aus den 1880er Jahren.

Und wo steckte nun der Wein? Eine kleine Nische im Keller diente vorsätzlich als Vorratskammer: auf dem Boden stapelten sich Büchsen, von der Decke hingen frische Schinken. Was die Ermittler nicht ahnen konnten: Eine der Wände war eine blinde Tür, zweieinhalb Tonnen schwer und so dick, daß man selbst dann den Eindruck hatte, vor einer echten Wand zu stehen, wenn man kräftig auf den Putz klopfte. Sie ließ sich nur mit Hilfe einer dünnen Stange öffnen, die man durch ein fast unsichtbares Loch schieben mußte und im Innern des »Tresors« die Verriegelung löste.

Aber das war noch nicht alles, was sich die Architekten und Ingenieure ausgedacht hatten. Das gut gesicherte Versteck war bereits Teil des Nachbarkellers. Wäre das Weindepot einmal aufgeflogen, hätten sich die Angestellten »guten Gewissens« völlig überrascht zeigen können.

Hinter dieser tonnenschweren, geheimen Tür lagerten in den 1920er Jahren die Alkoholvorräte. Noch heute werden dort wertvolle Tropfen aufbewahrt.

Hinter der tonnenschweren Tür lagerte allerdings nicht nur Wein. Dort gab es auch einige bequeme Sitzecken. Regelmäßiger Gast während der Prohibition war der New Yorker Bürgermeister Jimmy Walker. Um von der Polizei unbehelligt seinen Wein genießen zu können, tauchte er während der Razzien in dem Keller unter. Die Nische von Jimmy Walker befindet sich noch heute in dem einstigen Versteck.

Nachdem die Prohibition 1933 aufgehoben worden war, machte sich das »21« einen Namen als Restaurant mit guter amerikanischer Küche. In dem eleganten, holzgetäfelten Lokal konnte man sich sehen lassen. Im Laufe der Jahre zog es immer mehr Berühmtheiten an. Dorothy Parker, Frank Sinatra, Henry Kissinger und die Kennedys speisten so oft in dem exklusiven Restaurant, daß die Tische, die sie bevorzugten, in eine Karte eingetragen wurden. Salvador Dali zwirbelte in einer stillen Ecke seinen Schnurrbart, und Ernest Hemingway bestellte an der Theke mit den Worten: »Weil ich keinen Alkohol trinke, nehme ich nur einen Tequila.« Die Nische, in der Humphrey Bogart regelmäßig seinen Gin Fizz trank, heißt »Bogie's Corner« und ist entsprechend ausgeschildert. Seit Franklin D. Roosevelt hat jeder US-Präsident das Lokal besucht. Michael Douglas und Charlie Sheen drehten dort Szenen für den Film »Wall Street«, Julia Roberts, Luciano Pavarotti und viele andere Prominente haben einen Stammtisch.

In dem einst geheimen Weindepot lagern auch heute die wertvollen Schätze des »21«. Wie damals sind sie durch die wuchtige Tür gesichert, bewacht von einem fein gekleideten Herrn, der zu jeder Flasche eine Geschichte erzählen kann. Wer sich in den dicht gefüllten Regalen umschaut, stößt auf Flaschen, die Etiketten mit Namen wie Richard Nixon oder Gerald Ford tragen. Elizabeth Taylor hat hier ebenfalls noch eine Flasche Wein liegen, obwohl sie keinen Alkohol mehr trinkt. Auch eine alte Flasche Gin (Bathtub Gin) von 1919 steht in einer Ecke.

Hinter den Weinregalen gelangt man durch eine kleine Tür in einen größeren Raum, in dem für besonders exklusive Veranstaltungen ein eleganter Tisch für 20 Personen bereitsteht. Dort befand sich seinerzeit auch die Nische von Bürgermeister Walker, die heute als Abstellkammer für Kisten und Flaschen herhalten muß. Daß man sich in einem dunklen Keller befindet, wird durch die Eleganz des Raums geschickt überspielt.

Nicht so glanzvoll war dagegen das Speakeasy, das John Greco im Keller seines Restaurants »Philip Marie« an der Hudson Street entdeckte, als er 1998 neue Rohre verlegen ließ. Dabei bemerkte er, daß eine der Mauern neuer aussah als die anderen. Neugierig brach er ein paar Steine heraus, so daß er durch das Loch kriechen konnte, und fand sich in einem kleinen, fensterlosen Raum mit einer eisernen Falltür im Boden wieder. Als er die Luke aufmachte, sah er eine Treppe, die tiefer in den Untergrund führte.

Greco drückte seinem Tellerwäscher eine Taschenlampe in die Hand und bat ihn, zuerst hinabzusteigen. Am Fuß der Treppe angekommen, standen sie wiederum in einem kleinen dunklen Raum. In einer Ecke machten sie eine verfallene Theke aus, in einer anderen lagen ein paar Stühle herum. Es stellte sich heraus, daß dieser untere Raum einst ein Speakeasy beherbergt hatte und später zugemauert worden war. Neben der Falltür entdeckte Greco noch einen zweiten Zugang: ein Kanalisationsrohr, das anderthalb Häuserblocks weiter an die Straßenoberfläche führte. Er überlegte nun, was er mit den Räumen im Untergrund anstellen sollte. Greco entschied sich dafür, in den oberen Keller einen kleinen Tisch mit zwei Stühlen zu stellen und dort romantische Abendessen zu servieren.

Greco sollte noch weitere Entdeckungen machen: Weil er den Eindruck hatte, daß die Größe des Kellers nicht der Grundfläche seines Restaurants entsprach, beschloß er, eigenhändig weiterzubuddeln. Er brach durch drei Schichten von Riggipsplatten und stieß schließlich auf eine alte Kellermauer, die er aufstemmte. Er stand plötzlich in einem Zimmer mit zwei Kaminen und einem Fenster – obwohl der Raum doch unter der Erde lag.

Seine Recherchen ergaben, daß die Stube zu einer Farm aus dem 18. Jahrhundert gehört haben muß, die zu jener Zeit auf Straßenebene lag. Während des amerikanischen Bürgerkriegs im 19. Jahrhundert wurden in dem kleinen Gebäude Kranke versorgt. Im Rahmen der Einebnung des New Yorker Bodens hatte man das Haus schließlich zugeschüttet und so war es unter der Straße verschwunden. Greco renovierte den Raum und vermietet ihn heute für private Feiern; die Kamine und Steinwände beließ er in ihrem alten Zustand. Ein Stockwerk tiefer – also auf der Ebene des Speakeasy – kann man noch ein Kanalisationsrohr und die Kellerwände des Farmhauses sehen.

Wollte man eine Geschichte der New Yorker Restaurants schreiben, könnte man von zahlreichen solchen Entdeckungen berichten. Auch wenn die unterirdischen Funde nicht zur Schau gestellt werden, kann man mit ihnen Kunden anlocken. Die Bar »Onieal's« an der Grand Street beispielsweise soll in den 20er Jahren ein Speakeasy betrieben haben, das durch einen eigenen Tunnel mit einer inzwischen stillgelegten Polizeizentrale verbunden war. Der Legende zufolge nutzten die Polizisten diesen Schacht, um nach Feierabend unbemerkt in die illegale Kneipe zu gelangen. Allerdings ist der vermeintliche Tunnel längst zugemauert. Daß es ihn überhaupt einmal gab, wird selbst von ausgewiesenen Kennern des New Yorker Untergrunds vehement bestritten.

Anziehungskraft Untergrund

An einem warmen Sommerabend unternahm ich mit Freunden aus San Francisco, die New York noch nicht kannten, eine kleine Untergrundexpedition. Ich wollte ihnen in der Nähe des East River hinter einer verwilderten Krankenhaus-Ruine meine neueste Entdeckung zeigen, die ich am Tag zuvor gemacht hatte. Dort war ich nämlich auf eine kleine Luke gestoßen. In dem Schacht, der in die Tiefe führte, brannte Licht, als wäre hier erst vor kurzem jemand durchgekrochen.

Wir zwängten uns durch die Öffnung, stiegen über ein paar schmale Metallstufen in die Tiefe und erreichten ein hell erleuchtetes Treppenhaus, das mindestens neun Stockwerke hinabführte. Während meine Gäste noch darüber nachdachten, ob sie das Abenteuer riskieren sollten, war ich schon ein Stück nach unten geklettert. Plötzlich begann das Geländer des Treppenhauses zu vibrieren; tief unter uns hörten wir ein Rauschen, das immer lauter wurde. Öffnete sich da irgendwo eine Schleuse? Nach einigen Sekunden kam mir das Geräusch bekannt vor: ein Zug donnerte unter uns vorbei.

Nun waren meine Gäste auch neugierig geworden und folgten mir. Neun Stockwerke unter der Straßenoberfläche erreichten wir eine kleine Plattform, die sich zwischen zwei befahrenen Gleisen befand. Offenbar waren wir durch einen Notausgang der U-Bahn gestiegen. Dort unten war es merklich kühler, es roch nach feuchter Erde. Als an der Tür, die vom Treppenhaus zum Tunnel führte, plötzlich ein schriller Alarm schellte, zuckten wir zusammen. Kurz darauf raste eine U-Bahn an uns vorbei; durch die Zugluft verloren wir fast das Gleichgewicht.

Abgesehen vom Licht, das aus dem Treppenhaus in den Tunnel drang, und den blauen und gelben Lämpchen im Tunnel selbst lag die Plattform im Dunkeln. Vor uns machten wir ein Häuschen mit einem flachen Dach aus, dahinter eine Mauer, die vermutlich zu einem noch größeren Gebäude zwischen den Gleisen gehörte. Über eine Leiter nur wenige Zentimeter neben den Schienen stiegen wir auf das Dach des Häuschens. Von dort hätten wir ebenfalls über eine Leiter an der besagten Mauer hochklettern können, die bis zu einem Schacht in der gewölbten Decke des Tunnels reichte. Während sich einer meiner Gäste schon mal daran machte, die zweite Leiter zu erklimmen, zündeten sich die anderen eine Zigarre an. Auf einmal hörten wir wieder einen Zug, der sich jedoch ungewöhnlich langsam in unsere Richtung zu bewegen schien.

Sofort wurden die Zigarren ausgemacht. Wir warfen uns schnell flach auf das Dach des Häuschens. Mein Freund auf der Leiter hielt inne, wohl in der Hoffnung, der Zug würde an uns vorbeifahren. Doch er hielt ausgerechnet an der Plattform, auf der wir eben noch standen. Es war einer der kleinen gelben Züge, die für Reparaturzwecke und den Transport von Müll aller Art eingesetzt werden. Über uns hörten wir nun ein dumpfes Knacksen. Mein Freund, der versuchte, schnell in dem dunklen Schacht zu verschwinden, hatte auf einer brüchigen Sprosse den Halt verloren, konnte sich aber noch an einer der anderen festklammern. Unter uns vernahmen wir die Arbeiter, die laut fluchten. Es klirrte und schepperte, als würden sie Säcke voller Altmetall ausladen. Mein Freund auf der Leiter befand sich im Lichtkegel des Scheinwerfers, mit dem die Arbeiter den Bahnsteig ausleuchteten. Gleich würden sie uns entdecken. Wenn nur nicht der

Zigarrenrauch noch in der Luft hängen würde! Aber die Arbeiter hatten es eilig. Nach einigen Minuten setzte sich der kleine Zug wieder in Bewegung. Da wir einem weiteren Zug nicht begegnen wollten, traten wir schnell den Rückweg an.

Wer erst einmal auf den Geschmack gekommen ist, das Labyrinth des New Yorker Untergrunds zu erkunden, dem erschließen sich neue Welten. Neugierige im Untergrund von New York sieht die Stadtverwaltung allerdings nicht so gern. Wer erwischt wird und Pech hat, muß mit einem Strafverfahren rechnen. Dem Interessierten bleiben eigentlich nur das New York City Transit Museum oder eine Führung mit Bob Diamond durch den Atlantic Avenue Tunnel. Unter New Yorkern stößt man mit dem Bekenntnis, sich gern in den Tunneln aufzuhalten, entweder auf Erstaunen oder auf Abscheu.

Es gibt nicht viele Bereiche, die sich für Besuche anbieten. Daß die stillgelegte City Hall Station für die Öffentlichkeit nach wie vor verschlossen ist, bezeichnen viele New Yorker als Skandal. Andererseits setzt sich niemand leidenschaftlich dafür ein, daß der Bahnhof zugänglich gemacht wird. Dabei stößt der New Yorker Untergrund durchaus auf großes Interesse. Allein das U-Bahn-System hat fanatische Anhänger. Im Internet gibt es gleich mehrere Foren, auf denen sie die neuesten Nachrichten und Entdeckungen untereinander austauschen. Die richtigen Freaks werden »Foamers« genannt, weil ihnen beim Erzählen vor lauter Begeisterung Schaum (foam) vor den Mund tritt. In der U-Bahn haben sie sogar einen Stammplatz: das vordere Fenster eines Zuges, von dem man in Fahrtrichtung auf die Gleise sehen kann, das »Foamer Window«.

Auf eigene Faust die öffentlich unzugänglichen, unterirdischen Orte New Yorks zu erforschen, haben sich jedoch nur wenige zur Aufgabe gemacht. Die paar Tunnelforscher, die die Unterwelt immer wieder aufsuchen, kennen sie sicher besser als viele derjenigen, die beruflich mit dem Untergrund zu tun haben. Diese Abenteurer steigen in die Tiefe, um die geheimen Orte zu entdecken und zu dokumentieren.

Die Tatsache, daß sich nur sehr wenige Menschen freiwillig in den Untergrund begeben, weiß zum Beispiel der Videokünstler Christos Pathiakis sehr zu schätzen. Er liebt die verlassenen, einsamen Tunnel, die er auf seinen Streifzügen erforscht hat. Er ist weniger an der getreuen Dokumentation des Untergrunds interessiert, als vielmehr daran, außergewöhnliche Fotos zu schießen, die er auf Kupferplatten entwickelt. Die leeren, katakombenartigen Tunnel des U-Bahn-Systems sind für ihn Erscheinungen aus einer anderen Welt, nicht aus New York.

Daneben interessiert er sich für die Menschen, die im Untergrund unterwegs sind. Regelmäßig besuchte er den Tunnel der geplanten Second-Avenue-Linie unter der Manhattan Bridge, als dort noch Drogendealer ein- und ausgingen. Auch zu den »Mole People« pflegt er ein freundschaftliches Verhältnis. Selbst mit einem Polizisten, der in einem der U-Bahn-Tunnel regelmäßig Streife geht, versteht er sich ausgezeichnet. Seine Freunde reagieren auf die ungewöhnlichen Erkundungsgänge eher mit Kopfschütteln.

Besonders angesehen im Kreis der U-Bahn-Fanatiker ist Peter Dougherty. Seit 1994 treibt er sich in den Tunneln des U-Bahn-Systems mit dem Ziel herum, alle Gleise, die unter den Straßen New Yorks liegen, lückenlos zu dokumentieren. Nachdem er seine selbstgefertigten Pläne zunächst im Internet veröffentlichte, gab er sie schließlich unter dem Titel »Tracks of the New York City Subway« als Buch heraus.

Der Fotograf Joseph Anastasio wiederum interessiert sich für die zahlreichen Graffiti, auf die man in den Tunneln stößt. Schon während seines Studiums an einer Kunsthochschule in Manhattan Ende der 80er Jahre faszinierte ihn dieses Genre. Nachdem er eine Zeitlang der New Yorker Graffiti-Szene angehört hatte, entdeckte er die Fotografie. Er machte es sich zum Ziel, die unterirdischen Orte zu dokumentieren. »Mit meinen Graffiti wollte ich zum Ausdruck bringen, ›hier war ich‹. Mit den Fotos kann ich genau dasselbe bekunden. Der Vorteil besteht darin, daß ich meine Aufnahmen auch Leuten zeigen kann, die sich nie in den Untergrund begeben würden«, sagt er heute.

Expedition im Croton Aqueduct unter der Bronx im Herbst 2000.

Meine Gäste aus Kalifornien, die ich in den Untergrund geführt habe, sagen heute, sie assoziierten mit New York nicht etwa das Empire State Building oder das World Trade Center, sondern unsere Exkursion in die Unterwelt. Bei ihrem nächsten Besuch wollten sie wieder in die Tiefe steigen.

Wer die Stadt wirklich kennenlernen will, muß sich auch mit ihren unterirdischen Bereichen befassen. Wenn die Straßen Manhattans für die Gegenwart stehen und in die Zukunft weisen, so symbolisiert das, was sich unter ihnen befindet, die Vergangenheit. Die Erforschung des Untergrunds ist eine Erkundung dessen, was New York in der Geschichte verankert.

Egal, was einen dorthin treibt, die Welt unter New York ist schier unerschöpflich. Sie wird immer wieder Neugierige in ihren Bann ziehen.

Anhang

Literaturverzeichnis

Überblicksdarstellungen

Alexander, Charles: »Time to Repair and Restore. Neglected Streets and Sewers, plus Aged Bridges and Byways«. In: *Time*, 7. April 1981.
Burrows, Edwin G. / Wallace, Mike: Gotham. Oxford 1999.
Daley, Robert: The World Beneath the City. New York 1959.
Dunlap, David W.: »Old York«. In: *New York Times*, 20. Dezember 2000.
Dunning, Jennifer: »A Downside-up Look at How New York Ticks«. In: *New York Times*, 29. Mai 1981.
Granick, Harry: Underneath New York. New York 1947.
Guttenplan, D. D.: »Invisible Metropolis Bustles Beneath City«. In: *Newsday*, 1. Oktober 1989.
Homberger, Eric: Scenes from the Life of a City. New Haven 1994.
Ders.: The Historical Atlas of New York City. New York 1994.
Jackson, Donald Dale: »It Takes a Sixth Sense to Operate Under the Streets of New York«. In: *Smithsonian*, August 1987.
Jackson, Kenneth (Hrsg.): The Encyclopedia of New York City. New York 1995.
Jones, Pamela: Under the City Streets. New York 1978.
McCain, Mark: »Foundations. Learning to Cope With Myriad Subterranean Surprises«. In: *New York Times*, 14. August 1998.
McShane, Larry: »Under the Big Apple: ›There's an Entire World‹«. In: *Associated Press*, 27. August 1989.
Morris, Lloyd: Incredible New York. Syracuse 1951.
Mushabac, Jane / Wigan, Angela: A Short and Remarkable History of New York City. New York 1999.
Porter, Henry: »Eyes That Can't Stand the Light«. In: *The Guardian* (London), 8. März 1996.
Stern, Robert A. M. / Gimartin, Gregory / Massengale, John: New York 1900. New York 1995.
Stokes. I. N. Phelps: New York Past and Present. Its History and Landmarks. New York 1939.
Swan, Christopher: »A Mole's Eye View of New York City«. In: *Christian Science Monitor*, 4. September 1980.
Treadwell, David / Tumulty, Karen: »A Conspiracy of Engineering and Decay. Old Infrastructure Leads to Freak Accidents in N. Y.«. In: *Los Angeles Times*, 9. Oktober 1989.
Willensky, Elliot / White, Norval: AIA Guide to New York City. New York 1988.

Internet-Foren: SubTalk (www.nycsubway.org); New York Central Railroad Forum (www.railroad.net); The Other Side of the Tracks (www.nycrail.com).

Im Untergrund zu Hause

»Agencies Censor Sites Deemed Useful to Terrorists«. In: *USA Today*, 12. Oktober 2001.
Electronic Frontier Foundation: »Chilling Effects of Anti-Terrorism«. In: http://www.eff.org/Privacy/Surveillance/Terrorism_militias/antiterrorism_chill.html.
Lichtblau, Eric: »Rising Fears That What We Do Know Can Hurt Us«. In: *Los Angeles Times*, 18. November 2001.
McKinley, James C. Jr.: »State Pulls Data From Internet in Attempt to Thwart Terrorists«. In: *New York Times*, 26. Februar 2002.
Pfeiffer, Mary Beth: »Security Emphasis Limits Right To Know«. In: *Poughkeepsie Journal*, 14. November 2001.

Die knifflige Geologie der Stadt

Allen, Michael O.: »Ground Zero Yields Burial Ground Relics«. In: *Daily News*, 15. November 2001.
Barry, Dan: »Manhattan Past, Queens Present. City Hall Artifacts Are Returned From Obscurity«. In: *New York Times*, 16. Juli 2001.
Buttenwieser, Ann L.: Manhattan Water-Bound. Syracuse 1999.
Cantwell, Anne-Marie / Wall, Diana diZerega: Unearthing Gotham. The Archaeology of New York City. Yale University 2001.
Fairfield, Hannah: »City Lore. The Rock That Gives New York Its Face«. In: *New York Times*, 24. September 2000.
Gopnik, Adam: »Underfoot«. In: *New Yorker*, 4. Februar 2002.
Ingrassia, Robert: »$ 21 M Plan Mired in Woe. Researchers, Feds Wrangle Over African Burial Ground«. In: *Daily News*, 5. Februar 2001.
Koeppel, Gerard T.: »Digging the Urban Past. A Subterranean Panorama«. In: *New York Observer*, 21. Januar 2002.
Lorber, Claudia: »Digging Up Our Urban Past«. In: *New York Times*, 12. April 1981.
Suggs, Robert C.: The Archaeology of New York. New York 1966.

Der Croton Aqueduct

Barnard, Charles: »The New Croton Aqueduct«. In: *Century Magazine*, Dezember 1889.
Burke, Jack: »New York Water. Water Tunnel No. 3«. In: *Mining Journal*, März 1996.
Chiles, James R.: »Remember, Jimmy, Stay Away from the Bottom of the Shaft!« In: *Smithsonian*, Juli 1994.
Collins, Glenn: »In City's History, a Glass Half Full. Unearthed Archives Reveal Artistry of Water Supply«. In: *New York Times*, 8. Januar 2001.
Department of Environmental Protection: »Jerome Park Reservoir and the History of the Croton Waterworks«. New York 2000.
Dwyer, Jim: »TA Sinks Pretense of Caring«. In: *Newsday*, 5. Dezember 1989.
Garrett, Rodney: »New York Shafts. Maintenance and Rehabilitation of

New York City's Water Distribution System«. In: *Mining Journal*, Mai 1994.

Gill, John Freeman: »Decrepit Water Main Could Blow Anytime Right Under Fifth«. In: *New York Observer*, 28. Mai 2001.

Koeppel, Gerard T.: Water for Gotham. Princeton 2000.

Martinez, Jose: »Memorial to Honor 23 Killed digging City Water Tunnel«. In: *Daily News*, 1. November 2000.

McFadden, Robert D.: »Water System. The Marvelous Monster«. In: *New York Times*, 18. Januar 1988.

»Modern Mine Practice in the Construction of a 20-Mile Aqueduct«. In: *Engineering and Mining Journal*, 8. Juni 1929.

»New York City Agrees to Filter Croton Drinking Water System«. In: *The New York Beacon*, 4. Juni 1998.

Purnick, Joyce: »New York Has Reason To Pour $ 2.7 Billion into a Hole in the Ground«. In: *New York Times*, 26. April 1981.

Raftery, Tom / Rose, Derek: »Water Main Break Floods Bronx Subway«. In: *Daily News*, 14. November 2001.

Revkin, Andrew C.: »21st Century Plumbing for a Leaky Old Aqueduct«. In: *New York Times*, 12. März 2002.

Wasserman, Joanne: »Aqueduct Alarm Is All Wet, Rudy Says«. In: *Daily News*, 4. November 2000.

Winter, Greg / Broad, William J.: »Added Security for Dams, Reservoirs and Aqueducts«. In: *New York Times*, 26. September 2001.

Im Kielwasser der »Croton Maid«

Bahrampour, Tara: »Now in an Old Gatehouse, Art, Not Water, Will Flow«. In: *New York Times*, 25. Februar 2001.

Duncan, Steve: »The Hidden Flow of History. The Path of the Aqueduct in Today's New York«. In: http://www.Undercity.org.

FitzSimons, Neal: The Reminiscences of John B. Jervis, Engineer of the Old Croton. Syracuse 1971.

Gray, Christopher: »The High Bridge Water Tower. Fire-Damaged Landmark To Get $ 900000 Repairs«. In: *New York Times*, 9. Oktober 1988.

Siegal, Nina: »Plugging a Hole in the Reservoir of Memory«. In: *New York Times*, 7. Mai 2000.

Ultan, Lloyd: »Poe's Bronx Horror«. In: *Riverdale Review*, 25. Oktober 2001.

»Walk History's Path«. In: *Daily News*, 11. März 2001.

Erste Abwasserkanäle

»Alligator Found in Uptown Sewer«. In: *New York Times*, 10. Februar 1935.

Birch, Eugenie L.: »Planning in a World City. New York and its Communities«. In: *Journal of the American Planning Association*, 22. September 1996.

Goldman, Joanne Abel: Building New York's Sewers. Developing Mechanisms of Urban Management. Purdue University Press 1997.

Kaplan, Fred: »This NYC Urban Legend Has Teeth«. In: *Boston Globe*, 22. Juni 2001.

Mann, Roy: Rivers in the City. New York 1973.

Perry, Nancy J. / Klein, Rosalind: »The Economy: Good News About Infrastructure«. In: *Fortune*, 10. April 1989.

Pyle, Richard: »DEP Says: Send Gator Back to the Sewer«. In: *Associated Press*, 19. Juni 2001.

Stewart, Barbara: »Dressed for the Park, in Alligator Skin«. In: *New York Times*, 21. Juni 2001.

Wieman, Clark: »Downsizing Infrastructure«. In: *Technology Review*, 15. Mai 1996.

Kabelgewirr unter den Straßen

Arnold, Ingmar: Luft-Züge. Die Geschichte der Rohrpost in Berlin und anderswo. Berlin 2000.

Crawford, Linda: »City Woos New Tech«. In: *Gotham Gazette*, 8. Januar 2001.

Dukart, James R.: »New Ways to Go Underground«. In: *Utility Business*, September 2000.

»Giuliani Announces Initiative to Transform Unused Water Main into Conduit«. In: *New York Voice of New York*, 26. April 2000.

»How New York Works«. In: *Time Out New York* (Sonderausgabe), 19.–26. Juli 2001.

Jacobs, Charles M.: A General Report Upon the Initiation and Construction of the Tunnel under the East River. New York 1894.

McDonald, Michael: »Con Ed's High Stakes Game of Phone Tag«. In: *Crain's New York Business*, 11. September 2000.

Pgrebin, Robin: »Underground Mail Road«. In: *New York Times*, 7. Mai 2001.

Saulny, Susan: »Two Are Hurt as Electrical Explosion Blows Manhole Cover in Air in Midtown«. In: *New York Times*, 13. März 2001.

Vescovi, James: »Underground Mailroad«. In: *Inc Magazine*, 15. Juni 1994.

Virasami, Bryan: »Manhole Cover Erupts, Injures 5 Cops«. In: *Newsday*, 15. Februar 2000.

Wilson, Greg: »That Sinking Feeling«. In: *Daily News*, 31. Juli 2001.

Young, Shawn / Berman, Dennis K.: »Trade Center Attack Highlights Problem in Telecom Sector's Legacy of Monopoly«. In: *Wall Street Journal*, 19. Oktober 2001.

Der Überraschungscoup von Alfred Beach

Beach, Alfred Ely: »The Pneumatic Tunnel Under Broadway«. In: *Scientific American*, 5. März 1870.

Bobrick, Benson: Labyrinths of Iron. New York 1981.

»First Subway 40 Years Ago«. In: *New York Times*, 4. Februar 1912.

Fischler, Stan: The Subway. New York 1997.

Hood, Clifton: 722 Miles; The Building of the Subways. New York 1993.

Maeder, Jay: »Notes from the Underground: The Subway 1904«. In: *Daily News*, 31. Dezember 1999.

The Beach Pneumatic Transit Company: Illustrated Description of the Broadway Underground Railway. New York 1872.

Das Monopol des August Belmont

Cudahy, Brian: Under the Sidewalks of New York. Brattleboro 1979.

Danziger, Jeff: »Digging up the Facts About New York's Subway System«. In: *Christian Science Monitor*, 7. September 1993.

Fischler, Stan: The Subway. New York 1997.

Hood, Clifton: 722 Miles. The Building of the Subways. New York 1993.

Interborough Rapid Transit: The New York Subway. New York 1904.

Kennedy, Randy: »This Straphanger Rode with Class«. In: *New York Times*, 26. Juni 2001.

»Things Seen and Heard Along the Underground«. In: *New York Times*, 28. Oktober 1904.

Young, Robin: »Beneath the City That Never Sleeps«. In: *The Times* (London), 2. Mai 1992.

Konkurrenz im Untergrund

Byrnes, Nanette: »Special Report. The Future of New York. Rebuilding the City Underground«. In: *Business Week*, 22. Oktober 2001.
Cudahy, Brian J.: Malbone Street Wreck. New York 1999.
Ders.: Under the Sidewalks of New York. Brattleboro 1979.
Donohue, Pete: »Subway & Bus Use Highest in Decades«. In: *Daily News*, 24. März 2002.
Fischler, Stan: The Subway. New York 1997.
Fried, Joseph P.: »Untangling Knots in the Subway«. In: *New York Times*, 3. Februar 2000.
Hood, Clifton: 722 Miles. The Building of the Subways. New York 1993.
Kennedy, Randy: »An Old Rivalry, A Quiet Continuance«. In: *New York Times*, 21. August 2001.
»Mole Chews up a Mile of Rock«. In: *Engineering News Record*, 19. März 1981.
Rosenbaum, Thane: »The Zen of the Bus«. In: *New York Times*, 5. August 2001.
»Scores Killed, Many Hurt on B. R. T.«. In: *New York Times*, 2. November 1918.

Tunnelruinen

Cuza, Bobby: »Design of Second Avenue Subway Approved« In: *Newsday*, 27. November 2001.
»Manhattan Subway Plans Advance«. In: *Mining Journal*, 1. Dezember 2001.
Martin, Douglas: »Under New York, the Tracks That Time Forgot«. In: *New York Times*, 17. November 1996.
New York City Transit Authority: The Second Avenue Subway Line ... the Line that Almost Never Was. New York 1972.
Sanchez, Ray: »2nd Avenue Line: Fact or Fiction?«. In: *Newsday*, 6. Dezember 2001.
Tierney, John: »Substitute for a Subway on Second Avenue. Free Enterprise«. In: *New York Times*, 5. Dezember 2000.

Geisterstationen

Brennan, Joseph: »Abandoned Stations«. In: http://www.columbia.edu/~brennan/abandoned/
Dougherty, Peter: Tracks of the New York City Subway. New York 2001.
Duggan, Dennis: »Magic Under 18th Street«. In: *Newsday*, 8. Februar 2002.
Fischler, Stan: The Subway. New York 1997.
Toth, Jennifer: Tunnel-Menschen. Das Leben unter New York City. Berlin 1994.

Der erste Zugtunnel unter dem Hudson River

Cudahy, Brian J.: Rails Under the Mighty Hudson. Brattleboro 1975.
Diehl, Lorraine B.: The Late, Great Penn Station. New York 1985.
»Disaster Lurks for Rail Commuters«. In: *Associated Press*, 7. Juli 2001.
Fetherston, Drew: »The Manhattan Connection: Workers in a Perilous Craft Create a Web of East River Tunnels to Speed LIRR Commuters«. In: *Newsday*, 17. April 1998.
McGinty, Jo Craven: »Amtrak: The Price of Safety«. In: *Newsday*, 21. Dezember 2001.
Murphy, Dean E.: »Penn Station Needs Millions For Repairs«. In: *New York Times*, 19. Dezember 2000.
Ders.: »State Faults Amtrak for Neglect of Tunnels«. In: *New York Times*, 23. August 2001.
Sadik-Khan, Janette: »New York Forum about Penn Station«. In: *Newsday*, 22. September 1993.
Topousis, Tom: »Penn Sta. Tunnels Disasters-in-Waiting«. In: *New York Post*, 4. Dezember 2000.

Das Verkehrsprojekt von William McAdoo

Burr, S. D. V.: Tunneling under the Hudson River. New York 1885.
Cudahy, Brian J.: Rails Under the Mighty Hudson. Brattleboro 1975.
Fitzherbert, Anthony: »William G. McAdoo and the Hudson Tubes«. In: *Electric Railroaders Association*, Juni 1964.
Hood, Clifton: 722 Miles. The Building of the Subways. New York 1993.
»The Cortlandt Street Tunnels and Terminal Building, New York.« In: *Scientific American*, 26. Januar 1907.

Grand Central Station

Belle, John / Leighton, Maxinne Rhea: Grand Central. Gateway to a Million Lives. New York 1999.
Brennan, Joseph: »Fantasy in the Mole People«. In: http://www.columbia.edu/~brennan/abandoned/
Dillon, David: »Grand Stand«, In: *The Dallas Morning News*, 22. November 1998.
»Discovering the Secrets of Grand Central Terminal«. In: *The Journal News*, 9. September 2001.
Duggan, Dennis: »Paving A Way? They Can't Shrug it Off«. In: *Newsday*, 18. Februar 1997.
Ellis, Elaine A.: »Moving Homeless from Grand Central Tunnels«. In: *Gannett News Service*, 4. August 1991.
Gray, Christopher: »A Look Down at the Rail Tunnels Below Park Ave«. In: *New York Times*, 25. November 2001.
Grondahl, Paul: »A Chronicle of 4 years under Grand Central«. In: *The Times Union*, 18. Oktober 2001.
Hart, Jeffrey: »Architecture Simply Grand. The Restoration of Grand Central Terminal«. In: *National Review*, 9. November 1998.
Henican, Ellis: »The Asbestos Crisis – MTA Workers on Asbestos Firm What a Mess«. In: *Newsday*, 10. August 1993.
Metropolitan Transportation Authority: »East Side Access. The Long Island Rail Road Grand Central Connection«. Spring 2000.
Middleton, William D.: Grand Central. San Marino 1999.
Murphy, William: »Ruling Against Snowmen«. In: *Newsday*, 24. Juni 1997.
S., Tina / Bolnick, Jamie Pastor: Living at the Edge of the World. New York 2000.
Schaer, Sidney C.: »Grand Central Plan On Track. LIRR extension to terminal has gained important ground«. In: *Newsday*, 19. Februar 2000.
Schlichting, Kurt C.: Grand Central Terminal. Baltimore 2001.
Shackleton, Robert: »Fifty-Three Tracks Abreast in the Heart of New York«. In: *Technical World*, Februar 1905.
Toth, Jennifer: Tunnel-Menschen. Das Leben unter New York City. Berlin 1994.
Valenti, John: »Next Stop for the LIRR. Grand Central by 2011«. In: *Newsday*, 18. Januar 2002.

Spurensuche unter der Atlantic Avenue

»Atlantic Avenue Tunnel«. In: *Brooklyn Daily Eagle*, 31. Mai 1896.
Baumgartner, Henry: »The Lost Tunnel of Brooklyn«. In: *Mechanical Engineering Magazine*, 1998.
Diamond, Bob / Ricciardi, Vincent R.: The Atlantic Avenue Tunnel. Brooklyn Historic Railway Association. New York 1983.
English, Merle: »Historic Tunnel Links the Past with the Future«. In: *Newsday*, 27. Oktober 1991.
Ders.: »Underground Rail Tunnel Raised to Landmark Status«. In: *Newsday*, 27. Juli 1989.
Otterman, Sharon / Ach, Michael: »Beneath the Avenue, a Tunnel of History«. In: *Newsday*, 16. Juli 1995.
»Tunnel Mystery Probers Reach Wall in Sewer«. In: *Brooklyn Daily Eagle*, 28. Juli 1936.
Weir, Richard: »Half a Mile Long, and Nearly Forgotten«. In: *New York Times*, 4. April 1999.

Das Hauptquartier der »Mole People«

Buttenwieser, Ann L.: Manhattan Water-Bound. Syracuse 1999.
Fowler, Geoffrey A.: »Living in the Shadows«. In: *U. S. News & World Report*, 11. September 2000.
»Getting Off the Streets«. In: *The Toronto Star*, 17. Februar 2002.
Lombardi, Frank: »Track Park Plan Derailed«. In: *Daily News*, 24. Januar 2002.
Maeder, Jay: »Big Things. Men at Work, July 1981«. In: *Daily News*, 16. Oktober 2001.
McCann, Column: »People Say We Eat Rats, But Food Is the Least Damn Problem in New York«. In: *The Observer*, 16. Juli 1995.
Morton, Margaret: Der Tunnel. Die Obdachlosen im Untergrund von New York City. München / Paris / London 1996.
New York Central: West Side Improvement. New York 1934.
Polner, Robert: »Help! No Pets Allowed«. In: *Newsday*, 16. Juli 1996.
Wilson, Calvin: »Shedding Light on Life in the Dark«. In: *St. Louis Post-Dispatch*, 26. April 2001.

Fußgängerpassagen

Hall, Bruce Edward: »The Forbidden City«. In: *Time Out New York*, 8. März 2001.
Henican, Ellis: »6th Avenue's Dark Tunnel of Crime«. In: *Newsday*, 24. März 1991.
Kinkead, Gwen: Chinatown – A Portrait of a Closed Society. New York 1992.
Krinsky, Carol Herselle / Bunshaft, Gordon: New York. The Architectural History Foundation. New York 1988.
Kugel, Seth: »2 Elevators for 2 Riderships at Nearby Subway Station«. In: *New York Times*, 7. Januar 2001.
Kurtz, Josh: »A Subway Passageway Just for the Courageous«. In: *New York Times*, 12. August 1991.
»Transit Agency Shuts Crime-Ridden Tunnel, Concedes the Action was Overdue«. In: *Bergen Record*, 24. März 1991.

Die Keller des Seaview Hospital

Gray, Christopher: »Streetscapes: Seaview Hospital«. In: *New York Times*, 16. Juli 1989.
Iverem, Esther: »Rescued WPA Works Go on Exhibit«. In: *Newsday*, 5. Oktober 1993.
O'Grady, Jim: »Walls that Talk, Vividly, of Healing Mercies«. In: *New York Times*, 21. Mai 2000.
Shelby, Joyce: »City's on Track for Morgue in S. I.« In: *Daily News*, 29. Juli 1996.

Das Tunnelsystem der Columbia University

Adie, Tristin: »New York Forum About Columbia – Suppressing the Spirit of '68«. In: *Newsday*, 3. März 1993.
Columbia Student Solidarity Network: »What Lies Beneath the Real Columbia Underground«. New York 2000.
Lane, Earl: »Hiroshima. The Manhattan Project Scientists. Brainpower Scientists' paths, from blackboard to bomb«. In: *Newsday*, 17. Juli 1995.
MacFarquhar, Neil: »Protesters at Columbia Signal Spring«. In: *New York Times*, 15. April 1996.
Scott, Michael: »Hacking the Material World«. In: *Wired*, Juli–August 1993.
Siegfried, Tom: »Atomic Bomb Altered World History«. In: *The London Free Press*, 2. Januar 1999.
Sydell, Laura / Wertheimer, Linda / Adams, Noah: »Columbia '68 Anniversary«. In: *All Things Considered* (NPR), 23. April 1998.

Der Untergrund des World Trade Center

Blair, Jayson: »Near Ground Zero, Street Surgery Starts with a Shovel«. In: *New York Times*, 14. März 2002.
Ders.: »In an Urban Underbelly, Hidden Views of Terror's Toll«. In: *New York Times*, 14. Oktober 2001.
Chivers, C.J.: »Looting is Reported in Center's Tomblike Mall«. In: *New York Times*, 21. September 2001.
Cockfield, Errol A.: »Subways Around WTC Tested for Safety«. In: *Newsday*, 15. September 2001.
Dewan, Shaila K.: »Twin Peaks Make a Vertical World of Their Own«. In: *New York Times*, 27. Februar 2001.
Donohue, Pete: »A Train to Stop at WTC Soon«. In: *Daily News*, 24. Januar 2002.
Ders.: »More of Subway on Track«. In: *Daily News*, 19. September 2001.
Dwyer, Jim: »Below Ground Zero, Silver and Gold«. In: *New York Times*, 1. November 2001.
Ellison, Michael: »A Dream in Ruins«. In: *The Guardian*, 22. Januar 2002.
Flynn, Kevin: »Rescuers See Hope in Trip Into the Dark of a Tunnel«. In: *New York Times*, 18. September 2001.
Frank, Al: »P. A. Looks at Options for New Downtown Terminal«. In: *Star Ledger*, 25. Oktober 2001.
Gearty, Robert: »WTC Find Seals Drug Bust«. In: *Daily News*, 17. Januar 2002.
Gilbert, Pat R.: »Massive Repairs Needed Before Trains Run Again«. In: *Bergen Record*, 15. November 2001.
Gillespie, Angus Kress: Twin Towers. New York 1999.
Gittrich, Greg / Donohue, Pete: »$1 M-a-Day Fix for WTC Subway«. In: *Daily News*, 16. Januar 2002.

Gittrich, Greg / Zambito, Thomas / Standora, Leo: »Cache of Gold Found at WTC«. In: *Daily News*, 31. Oktober 2001.
Glantz, James / Lipton, Eric: »In the Pit, Dark Relics and Last Obstacles«. In: *New York Times*, 13. Januar 2002.
Dies.: »The Excavation. Planning, Precision and Pain«. In: *New York Times*, 27. September 2001.
Glanz, James: »Below Rubble, a Tour of Still-Burning Hell«. In: *New York Times*, 15. November 2001.
Ders.: »From 70's Relic, a Possible PATH Station«. In: *New York Times*, 13. November 2001.
Ders.: »Why Trade Center Towers Stood, Then Fell«. In: *New York Times*, 11. November 2001.
Ders.: »Wounded Buildings Offer Survival Lessons«. In: *New York Times*, 4. Dezember 2001.
Herman, Eric: »Bigger Plans for New WTC Arts Center, Hotel / Condo on Drawing Board«. In: *Daily News*, 22. November 2001.
Iglauer, Edith: »The Biggest Foundation«. In: *The New Yorker*, 4. November 1972.
Johnson, Kirk / Bagli, Charles V.: »Architects, Planners and Residents Wonder How to Fill the Hole in the City«. In: *New York Times*, 26. September 2001.
Kennedy, Randy: »Same Old Subway Stop. Just Don't Go Up the Steps«. In: *New York Times*, 5. Februar 2002.
Ders.: »Subway by Trade Center to Take Years to Rebuild«. In: *New York Times*, 28. September 2001.
Landau, Sarah Bradford / Condit, Carl W.: Rise of the New York Skyscraper. New York 1996.
Lipton, Eric: »Draining a Hazardous Coolant Takes Caution, and a Long Hose«. In: *New York Times*, 4. Dezember 2001.
McKibben, Bill: »New York's True Heart«. In: *New York Times*, 7. Oktober 2001.
Overbye, Dennis: »Engineers Tackle Havoc Underground«. In: *New York Times*, 18. September 2001.
Ders.: »Under the Towers, Ruin and Resilience«. In: *New York Times*, 9. Oktober 2001.
Rayman, Graham: »Water Leaks at Ground Zero Worse Than They Thought«. In: *Newsday*, 7. Februar 2002.
Sabbagh, Karl: Skyscraper; The Making of a Building. New York 1989.
Seabrook, John: »The Tower Builder«. In: *The New Yorker*, 10. November 2001.
Shin, Paul H. B.: »Rebuilding Plan Unveiled« In: *Daily News*, 10. April 2002.
Stewart, William R.: »Underground New York« In: *Technical World*, Februar 1905.
Stroup, Katherine: »Painful and Horrible«. In: *Newsweek*, 13. September 2001.
Tamaro, George J.: Recovery Efforts at the World Trade Center Bathtub. New York 2002.
»Verizon Struggles to Restore NY Switching Center to Service«. In: *Mobile Communications Report*, 17. September 2001.
Wyatt, Edward: »Transit Hub and ›Freedom Park‹ Part of Blueprint for Rebuilding«. In: *New York Times*, 10. April 2002.

Ungewöhnliche Fundamente: Brücken und Keller

Burke, Jack: »Building a Third Stage for Carnegie Hall«. In: *Mining Journal*, 1. Mai 2001.
»Carnegie Hall Delays Opening of Additional Hall«. In: *New York Times*, 1. November 2001.
Dunlap, David W.: »Carnegie Hall Grows the Only Way It Can«. In: *New York Times*, 30. Januar 2000.
Ders.: »When Expansion Leads to Inner Space«. In: *New York Times*, 5. Mai 2002.
Fetherston, Drew: »Gateway to a Century. The Magnificent Brooklyn Bridge Becomes the Last Great Work of an Age«. In: *Newsday*, 15. März 1998.
Graves, Neil: »Library's History is a Real Page Turner«. In: *New York Post*, 27. Dezember 1999.
Killeen, Michael: »Subterranean Carnegie Blues«. In: *Stage Directions*, Oktober 2000.
Polner, Rob: »Eviction of the ›Bridge People‹ Leaving Shadow World«. In: *Newsday*, 9. Juni 1994.
Post, Nadine M.: »Carving a Concert Cave Under Carnegie Hall«. In: *Engineering News Record*, 16. Juli 2001.
Dies.: »Walking on Books in an Urban Park«. In: *Engineering News Record*, 23. Februar 1989.
Preston, Douglas J.: »The Museums That Almost Were; Natural History Museums in New York City«. In: *Natural History*, März 1984.
Ders.: Dinosaurs in the Attic. New York 1986.
Richardson, Lynda: »The Man with the X-Ray Eyes«. In: *New York Times*, 2. April 2000.
Schneider, Daniel B.: »F.Y.I.« In: *New York Times*, 10. Januar 1999.
»The Brooklyn Bridge«. In: *Harper's Monthly*, 1883.
Wallach, Amei: »You Are There. Go Hunting for the Hidden History of a Museum That's Been Telling Us Who We Are for 125 Years«. In: *Newsday*, 20. Januar 1995.
Weber, Bruce: »E. L. Doctorow's New York«. In: *New York Times*, 5. Juli 1994.

Brauereien und illegale Kneipen

Anderson, Will: Breweries of Brooklyn. New York 1976.
Cunningham, Joe: »Stellar Cellars: Cave-Like Basements are a Sunken Treasure for Some City Restaurants«. In: *New York Post*, 4. Februar 2001.
Hall, Carol: »Neighbors Unite. Unusual Pair Develop Unused Site«. In: *Newsday*, 30. August 1989.
Klensch, Elsa: »Working Wine Cellar is Perfect Backdrop to Fine Cuisine«. In: http://www.CNN.com, 30. November 1996.
Kriendler, H. Peter / Jeffers, H. Paul: »21«. Dallas 1999.
Schneider, Daniel B.: »F.Y.I.« In: *New York Times*, 29. März 1998.

Abkürzungsverzeichnis

BMT	Brooklyn–Manhattan Transit Corporation	H&M	Hudson & Manhattan Railroad
BRT	Brooklyn Rapid Transit Company	IND	Independent Subway System
BUG	Brooklyn Union Gas	IRT	Interborough Rapid Transit Company
CIA	Central Intelligence Agency	LIRR	Long Island Rail Road
CNN	Cable News Network	MIT	Massachusetts Institute of Technology
Con Edison	Consolidated Edison Company	MTA	Metropolian Transit Authority
DEP	Department of Environmental Protection	NBC	National Broadcasting Company
		PATH	Port Authority Trans-Hudson
		PRR	Pennsylvania Railroad
FBI	Federal Bureau of Investigation	RTC	Rapid Transit Commission

Abbildungsnachweis

Anastasio, Joseph S. 9, 83, 171
Barroso, Eileen S. 136
Beauchamp, Chris S. 25, 34, 40
Diamond, Bob S. 111, 112
Dougherty, Peter S. 76 o.
Duncan, Steve S. 137
Fensch, Edda S. 149, 156 u.
Hakner, Jeff / Branford Electric Railway Association S. 66, 67
Haller, Harry S. 15, 29, 41, 74, 75, 78 o., 82, 103, 117 o., 122 o. & u., 123
Hogger, Andy S. 53 o. & u.
Hall, George P. S. 144
Links, Christoph S. 120, 143, 152
Schmitt, Rob S. 26, 30
Solis, Julia S. 8, 11, 14, 23, 24 o.& u., 27 u., 28, 31, 32 o. & u., 33, 35 o. & u., 36 o. & u., 37, 38 o. & u., 39, 42, 43, 51, 52, 70, 73, 77 o. & u., 78 u., 79, 80, 81, 85, 102, 104, 105, 108, 113 o. & u., 115, 117 u., 118, 119, 121, 124, 125, 126, 127, 128, 129 l. & r., 131, 132, 133, 134, 135, 138 o. & u., 139, 142, 154, 158 o. & u., 159, 160, 161 o. & u., 163, 164, 165, 170, 172, 173, 174, 177 o., 178, 179, 180, 181 l., m. & r., 185
Tamaro, George J. / Mueser Rutledge Consulting Engineers S. 12, 146, 147 o. & u., 148 o. & u., 151

Archiv Bob Diamond S. 110
Archiv Julia Solis S. 16 u., 20/21, 44, 56, 62, 64, 69, 76 u., 88, 89, 95, 98, 99, 101, 167 o.
Archiv I. N. Phelps Stoke S. 16 o., 18 o., 27 o.
Archiv Vincent F. Seyfried S. 65
Archiv des Verlages S. 6, 176
Avery Architectural and Fine Arts Library, Columbia University S. 106
Brooklyn Rapid Transit Company S. 68 l.

Chase Manhattan Archives S. 17
Creative Time S. 156 o., 157
Interborough Rapid Transit S. 46, 59, 60, 61 o. & u., 63
Jervis Public Library S. 18 u., 27 m.
Museum of the City of New York S. 13, 166
New York City Transit S. 68 r., 71, 155
New York Historical Society S. 45, 47, 48, 168
New York Central Railroad S. 96, 97 u., 107 r. & l.
Pennsylvania Railroad S. 90, 91
Port Authority S. 162
The Beach Pneumatic Transit Company S. 55, 57, 58 r. & l.

Century Magazine (1889) S. 19, 22
Harper's Weekly, 17. Dezember 1870 S. 167 u.
Scientific American (1881) S. 50
Scientific American (1907) S. 92, 93
Scribner's Magazine (o. J.) S. 94
Technical World (1905) S. 97 o.

Cron, Theodore O. / Goldblatt, Burt: Portrait of Carnegie Hall. A nostalgic portrait in pictures and words of America's greatest stage and the artists who performed there. New York 1966 S. 175
Daley, Robert: The World Beneath the City. New York 1959 S. 49
Landau, Sarah Bradford / Condit, Carl W.: Rise of the New York Skyscraper. New York 1996 S. 145
Preston, Douglas J.: Dinosaurs in the Attic. New York 1986 S. 177 u.
Shapiro, Mary J.: A Picture History of the Brooklyn Bridge. New York 1983 S. 169
The Day that Changed America, American Media 2001 S. 153

Julia Solis

1964 in Hamburg geboren, seit 1977 in den USA wohnhaft; Studium der Philosophie an der University of California in Los Angeles, seitdem als Übersetzerin und Autorin tätig; 1998 gründete sie das Projekt »Dark Passage«, mit dem sie das Ziel verfolgt, den New Yorker Untergrund zu erforschen und dort künstlerische Events zu veranstalten; seit 1999 erscheinen regelmäßig Artikel und fotografische Arbeiten über die unterirdische Welt New Yorks; 2002 Veröffentlichung der englischsprachigen Short-Story-Sammlung »Scrub Station« bei Koja Press.

Danksagung

Die Autorin möchte sich bei den folgenden Personen für ihre Unterstützung bei der Entstehung dieses Buches bedanken: Elmar Biebl, Chris Hackett, John Law, Harry Haller, Aaron Benoy, Chris Beauchamp, Gary Burns, Bob Diamond und Uwe Wolff.

Weiterhin dankt die Autorin Dietmar Arnold, Joseph Anastasio, Steve Duncan, Georg Simader, George Tamaro, Andy Hogger, R. R. Chief Harry Hassler, Theodore Grunewald, Rob Schmitt, Peter Dougherty, Julio Schuback, Diana Biederman, Jeff Hakner und Joe Schipani.

Ein besonderer Dank gilt Ludmilla Biebl für ihre Hilfe bei der Korrektur des Manuskriptes.